시간이 부족한 엄마들의 실전 아이 반찬!

한번에 준비하는

우리 아이
저녁밥&
아침밥

용동희 지음

미호

엄마 마음은 다 똑같죠.
제대로 된 맛있는 밥상을 매일 차려주고 싶지만 언제나 문제는 시간.
그래서 바쁜 엄마에게는 약간의 요령이 필요합니다.

NOODLE
BREAKFAST
HOMEMADE SNACK

DINNER
WEEKEND

AM8 PM7 PM2

어느 출출한 주말 오후.
평소에는 일이나 생활에 쫓겨 간식 한 번 챙기기 힘들었다면.
이때만큼은 엄마표 홈메이드 간식을 준비해보세요.

내 아이가 평생 기억하게 될 엄마의 밥상은 어떤 모습일까요.

엄마는 바쁘다. 아빠도 바쁘다. 아이들까지 바쁘다.
매일 바쁘다는 말을 입에 달고 살다 보니, 가슴에 품고 사는 아쉬운 점이 한두 가지가 아니다.
아이가 태어나고부터,
아침은 끊임없이 시계를 봐가며 단 1분도 헛되게 보낼 수 없는
일과 중 가장 바쁜 시간이 되어버렸다.

그래서 난 시리얼을 사다 놓지 않는다.
시리얼이 건강에 안 좋거나 맛이 없어서가 아니다.
아이의 아침으로
나도 모르게 매일 시리얼에 손을 뻗게 되는 마력의 힘이 있기 때문이다.

그렇다고 아이의 밥상을 매일같이 진수성찬으로 차려야 한다는
비현실적인 강박증 속에 살고 있지는 않다.
때로는 주먹밥으로, 때로는 빵으로, 때로는 잘 차려진 밥상으로…
엄마가 직접 만들어준 한 끼의 횟수를 늘려가려고
그저 노력할 뿐이다.

그래서 이 책은
실제로 내가 하고 있는,
저녁 한 상, 아침 한 그릇이다.
아침보다 여유로운 저녁에 아침 재료를 미리 준비해두고
후다닥 아침을 만들어내면
내 마음속 아쉬운 점도 조금은 줄어들지 않을까?

아이를 위한 요리책이기도 하지만,
사실은 나를 위한 요리책이기도 함을
미리 고백한다.

— 바쁜 엄마, 저자 용동희

CONTENTS

Part 1.

저녁 한 상 &
아침 한 그릇

주말 점심,
아이 국수

오후 3시,
아이 간식

· 오일은 식용유, 포도씨유, 올리브유, 카놀라유 등 어떤 것을 사용해도 좋아요.
· 1큰술은 15ml, 1작은술은 5ml 입니다.
· 1컵은 200ml 입니다.

Part 1은 한번에 준비하는 저녁밥과 아침밥 레시피를 모았습니다. 저녁밥과 아침밥은 모두 2인분 기준이지만, 다음날 아침밥에 이용하는 저녁 메뉴는 넉넉하게 4인분 기준으로 소개했어요. 아침밥 레시피에 아침밥용으로 필요한 최소 분량을 표기했으니, 이를 참고해서 필요한 분량을 저장용기에 담아두세요.

때로는 완성 요리가 아니라 저녁밥을 준비하면서 손질한 재료로 다음날 아침밥을 만드는 경우가 있습니다. 이때는 저녁밥 레시피를 2인분 기준으로 제시하되, 아침밥에 필요한 재료와 분량은 Tip으로 따로 소개했어요.

Part 1의 저녁밥 메뉴에서 반찬과 곁들여 먹는 일반적인 공깃밥은 레시피에 기입하지 않았어요. Part 2는 면 요리, Part 3은 간식 레시피를 담았고, 필요한 재료는 모두 2인분 기준이에요.

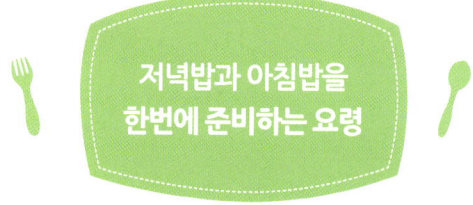

저녁밥과 아침밥을
한번에 준비하는 요령

상대적으로 시간적인 여유가 있는 저녁에 다음날 아침밥의 재료를 미리 준비하는 게 핵심이다. 아침 메뉴를 머릿속에 두면 저녁 요리 때 재료의 양이나 손질법을 고려해 준비할 수 있기 때문이다.

저녁밥으로 만든 메뉴를 응용하거나 사용한 재료들을 좀 더 넉넉히 다듬어서 저장용기에 재료나 요리를 미리 담아두고, 아침에는 최소한의 불을 이용하여 간단하게 조리한다.

물론 요리에 익숙지 않은 사람이라면, 아무리 재료를 준비해둔다 해도 어렵기는 마찬가지이겠지만, 습관적으로 몸에 배게 되면 아침 시간이 훨씬 더 편해질 것이다.

저녁 메뉴는 밥과 반찬을 고루 섭취할 수 있도록 2~3품 식단을 소개한다. 그리고 스스로 먹지 않으려고 하는 아이를 바쁜 아침시간에 붙잡고 한 술 한 술 떠먹이기는 힘들기에, 아침 메뉴는 아이들이 스스로 한입씩 먹을 수 있는 한 그릇 메뉴로 구성하였다.

아이 밥상의
기본 규칙

**성장기 아이에게
좋은 고기, 생선, 달걀, 콩은
골고루 매일 먹인다.**

아이의 성장기에 도움을 주는 필수아미노산이 풍부한 고기, 생선, 달걀, 콩은 하루 중 꼭 섭취하도록 한다. 매끼 먹는 것이 좋으므로, 채소와 균형을 맞춰 식단을 짜도록 한다.

**비타민과 무기질이 풍부한
채소와 과일은 빼놓지 않는다.**

육류나 탄수화물을 과다 섭취하게 되면 몸이 산성화되는데 이를 중화시켜주는 역할을 하는 채소와 과일로 균형 있게 메뉴를 짠다.

아침은 거르지 않는다.

아침을 먹어야 두뇌 활동이 활발해져서, 아이의 활동이 자유로워지며 의욕이 생기게 된다. 아무리 바쁘더라도 아침밥은 꼭 챙겨서, 에너지와 활기를 불어넣도록 한다.

**간식의 양을
너무 많게 하지 않는다.**

간식은 세끼에서 부족한 영양소를 보충해주는 역할을 한다. 식사처럼 많은 양을 먹이게 되면, 정작 먹어야 하는 식사의 양이 줄어들게 된다. 지나치게 먹지 않도록 주의한다.

**영양소를 고루 갖추도록
식단을 짠다.**

단백질, 칼슘, 비타민, 무기질, 당분, 지방을 골고루 섭취할 수 있도록 세끼와 간식을 구성한다. 특히 아이의 뼈 성장을 도와주는 칼슘이 부족하지 않도록 한다.

아이에게 좋은
식재료

**쇠고기 &
돼지고기 &
닭고기**

쇠고기는 양질의 필수아미노산과 철분이 풍부하여 성장기 아이에게 필요한 필수 재료이다. 쇠고기는 15~20% 정도의 단백질이 함유되어 있다. 돼지고기는 쇠고기에 비해 단백질 함량은 낮지만, 지방에는 쇠고기에 비해 스테아르산이 적고 불포화지방산이 많다. 또한 비타민 B1은 육류 중 돼지고기만 가지고 있다. 닭고기는 단백질이 풍부하고 따뜻한 성질을 가지고 있어 위와 장을 보호해준다.

생선

생선 중에서도 학습능력과 기억력 증진에 도움을 주는 것이 등 푸른 생선이다. 고등어, 꽁치, 삼치, 연어 등이 속하며, 오메가 3 지방산, 셀레늄, 헥산 등의 특수한 영양성분이 들어있다. 육류나 유제품에 들어있는 단백질보다 필수아미노산을 더 많이 함유하고 있어, 뇌의 활동이 많은 아이들에게 필요한 재료이다. 하지만 좋다고 하여 너무 많이 먹게 되면, 유해물질이 생기기 때문에 주의하여야 한다. 따라서 녹황색 채소와 함께 먹어, 생선 속의 중금속을 몸 밖으로 배출하게 도와주도록 한다.

견과류

뇌의 활동이 활발한 성장기 아이에게는 불포화지방산과 항산화 성분이 많이 들어있는 식품이 필요한데, 그 중 하나가 견과류이다. 호두, 아몬드, 땅콩 등 다양한 견과류를 하루에 한줌씩 먹거나 요리에 활용하여 섭취하도록 한다.

유제품

필수 영양소는 물론 뼈의 성장과 건강에 도움을 주는 칼슘 함유량이 높은 것이 우유와 요구르트, 치즈 등의 유제품이다. 특히 우유에는 칼슘 흡수를 도와주는 유당이 함유되어 있다. 그대로 마셔도 되지만, 수프나 카레, 파스타 등에 적극적으로 활용하도록 한다.

콩류

동물성 단백질에 뒤지지 않는 우수한 단백질이 다량 들어있는 콩은 성장기 아이에게 필요한 재료 중 하나이다. 콩에 들어있는 셀레늄은 뇌의 노화를 방지하며, 기억력 향상에 도움을 준다. 이런 콩으로 만들어진 된장, 청국장을 섭취하면 효능이 2배로 증가하며, 두부로 만들어 먹으면 소화율이 95% 정도에 다다른다.

녹황색 채소

당근, 오이, 시금치 등의 녹황색 채소는 카로티노이드, 비타민 C 등이 풍부하여 활성산소를 제거하고 뇌세포를 보호해주며, 면역력을 높이고 비만을 예방하는 역할을 한다. 육류, 곡류에 의해 산성화되기 쉬운 몸을 중화시켜 균형을 잡아주는 효과가 있다.

달걀

달걀은 양질의 단백질, 지방, 칼슘, 비타민을 풍부하게 가지고 있는데, 달걀 내 노른자의 콜린 성분이 아세틸콜린의 중요한 공급원으로 작용하여 뇌의 기억력을 높여주는 효과가 있다.

**재료
알맞게 썰기**

어슷 썰기　　오이, 대파와 같이 가늘고 긴 모양의 재료를 칼을 어슷하게 하여 단
면이 넓게 썬다.

나박 썰기　　무, 배추와 같이 넓은 면적의 재료를 네모난 모양으로 썬다.

막대 썰기　　새끼손가락 정도 길이로 가늘게 자르는데 무, 가지, 당근, 감자와 같
은 재료에 주로 사용된다.

다지기　　　양파, 마늘, 파와 같이 잘게 다져 양념에 넣을 때 주로 사용된다. 면
적이 넓어져 향과 맛이 빨리 전달된다.

은행잎 썰기　　당근, 호박과 같이 동그란 모양을 4등분한다.

반달 썰기　　동근 모양의 재료를 길이 방향으로 반 자른 후 일정한 두께로 썬다.

송송 썰기　　대파, 부추, 고추와 같이 가늘고 긴 것을 리드미컬하게 잘라 양념 등
에 사용한다.

링 썰기　　　오이, 연근, 감자와 같이 동그란 모양을 살려 썬다.

채 썰기　　　얇고 길게 자르는 방법으로, 무침, 샐러드 등에 주로 사용된다. 오이와
같이 가운데 씨가 있는 재료는 돌려 깎은 후 채를 써는 방법도 있다.

큐브 썰기　　주사위 모양이 되도록 잘라, 샐러드, 조림 등에 사용한다.
주사위 썰기

어슷 썰기

나박 썰기

막대 썰기

은행잎 썰기

반달 썰기

다지기

송송 썰기

링 썰기

채 썰기

큐브 썰기

DRAW
SOMETHING
OLD
ON THIS
PLINTH

요긴한
홈메이드 조미료

조미료에 대해 걱정이 많은 엄마들. 집에서 만들 수 있는 홈메이드 조미료를 이용하여 아이 밥상을 차려 보자. 매번 육수를 일일이 내기 번거로우므로 멸치와 다시마, 해산물을 건조시킨 후 갈아 가루를 만들어 놓는다. 국물 요리뿐만 아니라, 무침, 볶음 등에 소금 대신 간을 하는 역할을 할 수 있다. 단맛은 설탕 대신 매실청으로 자연스러운 단맛과 향을 더해 요리하고, 시판용 케첩보다 맛은 약할 수 있지만 토마토를 농축시켜 직접 만들어본다.

볶음소금

재료 천일염 2컵

1 천일염 안의 검은 티끌과 불순물들을 골라낸다.
2 마른 팬 위에 천일염을 넣고 약불에서 저어가며 볶는다.
3 소금이 튀기 시작하면 불을 끄고 완전히 식힌다.
4 원하는 굵기에 따라 믹서로 간다.

다시가루

재료 대멸치 50g(또는 중멸치), 다시마 사방 10cm 1장

1 멸치는 내장을 제거하여 마른 팬에 수분을 증발시키며 볶는다.
2 다시마는 젖은 행주로 깨끗이 닦은 후 가스 불에 앞뒤로 가볍게 굽는다.
3 멸치와 다시마가 완전히 식으면 각각 믹서기에 넣고 곱게 간다.
4 3을 합쳐서 지퍼백에 넣어 밀봉한다.

케첩

재료 토마토 3개, 토마토페이스트 2큰술, 설탕 2큰술, 식초 1큰술, 소금 ·
        후춧가루 약간씩

1 토마토는 십자로 칼집을 내어 끓는 물에 담가 껍질을 제거한다.
2 듬성듬성 잘라 씨를 제거하고, 냄비에 넣어 나무 주걱으로 으깨면서 끓
    인다.
3 나머지 재료를 넣어 뭉근하게 끓여 농도를 낸다.
4 식으면 살균 소독한 유리병에 넣어 냉장보관한다.

매실청

재료 매실 1kg, 설탕 1kg

1 매실은 깨끗하게 씻어 물기를 제거한 후 매실의 꼭지를 제거하여 채반에
    올려 물기를 완벽히 제거한다.
2 소독한 유리병에 매실과 설탕을 겹겹이 넣어준다.
3 가장 윗부분에 매실이 보이지 않도록 설탕을 두텁게 넣어 공기가 통하지
    않도록 한다.
4 서늘한 곳에서 3개월 정도 숙성한 후 냉장보관한다.

해산물가루

재료 북어포 50g, 건새우 50g, 건홍합 30g

1 건새우를 체에 올려 불순물과 잔가루를 털어 제거한다.
2 마른 팬에 수분을 증발시키며 볶는다.
3 건홍합과 북어포를 각각 마른 팬에 가볍게 볶는다.
4 식으면 믹서기로 각각을 곱게 간 후 합쳐 지퍼백에 넣어 밀봉한다.

DRAW
SOMETHING
MODERN
ON THIS
PL..

요긴한
아이용 밑반찬

냉장고에 자리 잡고 있으면, 마음까지 든든해지는 밑반찬. 매운맛에 익숙하지 않은 아이를 위해, 피클이나 백김치를 만들어둔다. 아이 반찬의 맛과 영양적인 면의 밸런스를 맞춰줄 수 있는 요긴한 밑반찬을 소개한다.

채소피클

재료 오이 2개, 무 5cm 두께 1/2조각, 당근 1/4개
피클물 물 1컵, 식초 1컵, 설탕 1/2컵, 월계수잎 3장, 통후추 · 소금 약간씩

1 오이는 3cm 두께로 썰고 세로 방향으로 4등분한다. 안쪽의 씨 부분을 잘라 제거한다.
2 무와 당근은 0.5cm 두께로 잘라 꽃 모양 틀로 모양을 낸다.
3 저장용기에 오이, 무, 당근을 넣는다.
4 피클물을 한소끔 끓여 부은 후 상온에서 반나절 두었다가 냉장보관한다.

홈메이드 단무지

재료 무 1개, 굵은소금 1/2컵
치자물 물 1컵, 치자 3개
절임물 식초 · 설탕 3컵씩

1 무는 10cm 길이, 2cm 두께로 잘라 굵은소금과 물 1/2컵을 넣어 하룻밤 절인다.
2 절인 무의 물기를 짜고, 분량의 치자물을 팔팔 끓여 체에 걸러둔다.
3 분량의 절임물과 치자물을 한소끔 끓인 후 절인 무에 붓는다.
4 2일 정도 상온에 둔 후 냉장보관한다.

백김치

재료 배추 1포기, 굵은소금 60g, 쪽파 1/2줌, 무 10cm 두께 1조각, 배 1/2개
절임물 소금 1컵, 물 1L
무양념 소금 1큰술, 매실액 1큰술
찹쌀풀 찹쌀가루 1큰술, 물 1/2컵
백김치국물 액젓 · 찹쌀풀 · 소금 1큰술씩, 끓여서 식힌 물 1.5L

1 배추는 길이 방향으로 4등분한다.
2 절임물을 배추에 부은 후 소금을 위에 뿌려 8시간 절인다.
3 절인 배추는 흐르는 물에 2~3번 헹군 후, 채반에 거꾸로 엎어 2시간 이상 물기를 제거한다.
4 무와 배는 곱게 채 썰고 쪽파는 4cm 길이로 잘라 분량의 무양념으로 버무린다.
5 분량의 찹쌀풀을 약불에서 걸쭉하게 끓여 식힌 후 백김치국물과 함께 섞는다.
6 배추 사이사이 4를 넣고 5를 부어 하루 동안 상온에서 둔 후 냉장보관한다.

양배추피클

재료 양배추 10장, 당근 1/2개, 깻잎 20장, 통후추 약간
피클물 물 · 식초 1컵씩, 설탕 1/2컵, 소금 1/2작은술

1 양배추는 두꺼운 심을 도려내고 깻잎은 씻은 후 물기를 제거한다. 당근은 얇게 편으로 썰어 준비한다.
2 편편한 저장용기에 양배추, 깻잎, 당근 순으로 켜켜이 쌓아 반복하여 올린 후 통후추를 넣는다.
3 분량의 피클물 재료를 섞어 한소끔 끓여 붓고, 윗부분을 접시로 눌러 재료가 모두 잠기도록 한다.
4 완전히 식힌 후 뚜껑을 닫고 상온에서 하루 정도 둔 후 냉장보관한다.

견과류볶음

재료 갖은 견과류 2컵, 오일 2큰술, 간장 1큰술, 설탕 2큰술, 올리고당 1큰술

1 마른 팬에 견과류를 넣고 약불에서 가볍게 볶는다.
2 오일을 넣고 한 번 볶은 후, 간장, 설탕을 넣어 재빨리 볶는다.
3 불을 끄고 올리고당을 넣어 촉촉하게 버무린다.

간단 오이지

재료 다다기오이 10개
오이지물 황설탕 300g, 소금 1컵, 사과식초 3컵

1 다다기오이는 깨끗하게 씻은 후 물기를 빼서 준비한다.
2 오이에 황설탕과 소금을 켜켜이 넣은 후 사과식초를 붓는다.
3 하루 동안 상온에 둔 후 뒤집어 섞고 냉장보관한다.

요긴한
수제냉동식품

미리 만들어 냉동보관 해두고 해동하여 익히기만 하면 뚝딱 만들 수 있는 편리한 냉동식품. 비록 만들 때는 조금 번거롭긴 하지만, 오랫동안 간편하게 먹을 수 있는 것이 장점이다. 하나씩 꺼내 사용할 수 있도록 쟁반에 올려 먼저 냉동한 후 다시 지퍼백에 옮겨 담아 보관하는 것이 비법이다. 해동하고 조리하는 시간을 단축하기 위해 작은 사이즈로 만들도록 한다.

1. 미니 돈가스

재료 돼지고기 등심 300g, 밀가루 1/3컵, 달걀물 1개분, 빵가루 2컵, 소금 · 후춧가루 약간씩

1 돼지고기 등심은 얇게 편으로 썰어 칼등으로 두들겨 넓게 편다.
2 사방 5cm 길이로 자른 후 소금과 후춧가루로 밑간을 한다.
3 밀가루, 달걀물, 빵가루 순으로 옷을 입힌다.

2. 생선가스

재료 대구포 300g, 밀가루 1/2컵, 달걀물 2개분, 빵가루 2컵, 파슬리가루 · 파마산치즈가루 · 소금 · 후춧가루 약간씩

1 대구포는 키친타월로 물기를 닦은 후 소금과 후춧가루로 밑간을 한다.
2 빵가루에 파슬리가루과 파마산치즈가루를 섞어둔다.
3 대구포를 밀가루, 달걀물, 2의 순으로 옷을 입힌다.

3. 동그랑땡

재료 돼지고기 다짐육 100g, 두부 1/4모, 다진 양파 · 다진 당근 · 다진 호박 3큰술씩, 밀가루 ·
　　　빵가루 약간씩, 소금 · 후춧가루 약간씩

1 두부는 으깬 후 물기를 제거한다.
2 돼지고기 다짐육, 으깬 두부, 다진 양파, 다진 당근, 다진 호박, 소금, 후춧가루를 섞은 후
　　빵가루를 넣어 농도를 맞춘다.
3 동그란 모양으로 빚은 후 밀가루에 가볍게 묻힌다.
Tip 그대로 팬에 굽거나, 달걀물에 옷을 입혀 굽는다.

4. 감자고로케

재료 감자 2개, 다진 양파 1/2컵, 다진 당근 · 다진 브로콜리 3큰술씩, 밀가루 1/3컵,
　　　달걀물 1개분, 빵가루 2컵, 오일 · 소금 · 후춧가루 약간씩

1 감자는 껍질을 제거하여 4등분한 후 삶는다.
2 양파, 당근, 브로콜리는 오일을 약간 두른 팬에 가볍게 볶아 준비한다.
3 감자는 곱게 으깨고 2에서 준비한 채소와 소금, 후춧가루를 넣어 섞은 후 동그란 모양을
　　만든다.
4 밀가루, 달걀물, 빵가루 순으로 옷을 입힌다.

요긴한
아이 죽

아이가 아플 때 요긴하게 만들어줄 수 있는 죽. 시간이 없을 때는 밥으로 지어도 좋지만, 불린 쌀을 참기름에 달달 볶아 만들면 더욱 깊은 맛을 낼 수 있다. 쌀이 잘 퍼지도록 냄비보다 뚝배기를 사용하면 좋다.

기본 죽

재료 불린 쌀 1/3컵, 참기름 1/2큰술, 후리가케 약간

1 참기름에 불린 쌀을 넣고 약불에서 볶는다.
2 쌀이 반투명해지면 물을 조금씩 넣어가며 눌지 않게 볶는다.
3 쌀이 투명해지면 물 1컵을 넣어 중간 중간 저어가며 농도를 내어 끓인다.
4 후리가케를 뿌려내거나 간장을 곁들여낸다.

채소죽

재료 불린 쌀 1/3컵, 다진 채소 3큰술, 참기름 1/2큰술, 소금 약간

1 참기름에 불린 쌀을 넣고 약불에서 볶는다.
2 쌀이 반투명해지면 다진 채소를 넣어 볶다 물을 조금씩 넣어가며 눌지 않게 볶는다.
3 쌀이 투명해지면 물 1컵을 넣어 중간 중간 저어가며 농도를 내어 끓인다.
4 소금으로 약하게 간을 한다.

달걀죽

재료 불린 쌀 1/3컵, 달걀 1개, 참기름 1/2큰술, 새우젓 1/2작은술

1 참기름에 불린 쌀을 넣고 약불에서 볶는다.
2 쌀이 반투명해지면 물을 조금씩 넣어가며 눌지 않게 볶는다.
3 쌀이 투명해지면 물 1컵을 넣어 중간 중간 저어가며 농도를 내어 끓인다.
4 달걀을 곱게 풀어 넣어 재빨리 저은 후 새우젓으로 간을 한다.

전복죽

재료 불린 쌀 1/3컵, 전복 1개, 참기름 1/2큰술, 소금 약간

1 전복은 깨끗이 손질한 후 다진다.
2 참기름에 불린 쌀을 넣고 약불에서 볶는다.
3 쌀이 반투명해지면 전복을 넣어 볶다 물을 조금씩 넣어가며 눌지 않게 볶는다.
4 쌀이 투명해지면 물 1컵을 넣어 중간 중간 저어가며 농도를 내어 끓인다.
5 소금으로 약하게 간을 한다.

DINNER
BREAKFAST

누구에게나 아침은 바쁘게 돌아간다.
아이의 아침밥은 챙겨야 되겠는데 시간은 없고… 결국엔 매번 똑같은 계란밥이나 토스트로 때우기 일쑤다.
그래서 엄마에게는 조금 더 쉽고 편하게 밥상을 차리는 요령이 필요하다.
여기, 저녁밥과 아침밥을 한번에 준비하는 아이 밥상을 소개한다.

Part 1

저녁 한상 &
아침 한 그릇

두부부침

재료 두부 1모, 들기름 1큰술, 오일 · 소금 약간씩
양념장 간장 · 맛술 1큰술씩, 고춧가루 · 다진 파 · 통깨 1작은술씩

1 두부는 반으로 자른 후 0.7cm 두께로 썬다. 소금을 약간 뿌려 10분간 둔 후 물기를 닦아낸다.

2 오일을 두른 팬에 두부를 노릇하게 굽다가 완성되기 직전 들기름을 넣어 굽는다. 분량의 양념장을 섞어 곁들여낸다.

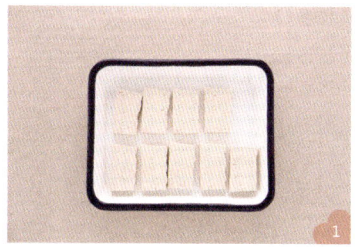

시금치무침

재료 시금치 1단, 들깨가루 1큰술, 소금 약간
양념 참기름 2큰술, 멸치액젓 2작은술, 통깨 · 소금 약간씩

1 시금치를 깨끗이 손질한다. 소금을 약간 넣은 끓는 물에 줄기 부분부터 넣어 가볍게 데친다.

2 찬물에 헹궈 물기를 짠다.

3 시금치에 양념을 넣어 무친 후 들깨가루를 넣어 가볍게 버무린다.

쇠고기어묵볶음

재료 쇠고기 100g, 어묵 100g, 양파 1/4개, 당근 1/6개, 오일 약간
양념 굴소스 1/2큰술, 간장 · 올리고당 1큰술씩, 통깨 약간

1 쇠고기, 어묵, 양파, 당근은 모두 곱게 채 썬다.

2 오일을 두른 팬에 쇠고기, 양파, 당근, 어묵 순으로 넣어 볶는다.

3 분량의 양념을 넣고 재빠르게 볶아 완성한다.

+
밥
김
김치

BREAKFAST
MENU

두부김밥

재료 밥 1.5공기, 김 2장, 잘게 썬 김치 1/3컵, 두부부침 2장, 시금치무침 1/2컵,
쇠고기어묵볶음 1/2컵
밥 양념 참기름 2작은술, 소금 · 통깨 약간씩
김치 양념 참기름 1작은술, 설탕 1/2작은술

1 따뜻한 밥에 분량의 밥 양념을 넣
어 섞고, 잘게 썬 김치는 물에 가
볍게 씻어 김치 양념에 버무린다.

2 밥을 김의 절반 정도 얇게 편다.

3 밥 위에 김치, 두부부침, 시금치무
침, 쇠고기어묵볶음을 올려 돌돌
만 후 1cm 두께로 썬다.

Tip 김치무침 대신 단무지나 오이지를
넣어도 좋다.

참치샐러드

재료 참치캔 1개(중간 크기), 오이 1/2개, 양파 1/4개, 굵은소금 1작은술,
마요네즈 5큰술, 소금·후춧가루 약간씩

1 양파는 굵직하게 다진 후 찬물에 담가 매운맛을 제거하고 물기를 뺀다.
2 오이는 링 모양으로 얇게 썰고 굵은소금과 물 3큰술을 넣어 10분간 절인
후 물에 가볍게 씻어 꼭 짠다.
3 참치는 뚜껑을 살포시 눌러 기름기를 제거하고, 오이, 양파, 마요네즈, 소
금, 후춧가루를 넣어 가볍게 버무린다.

미니 함박스테이크

재료 쇠고기 다짐육 200g, 돼지고기 다짐육 100g, 다진 양파 1/2컵, 어린잎채소 약간,
스테이크소스(시판용)·오일·빵가루·파슬리가루·소금·후춧가루 약간씩

1 쇠고기 다짐육과 돼지고기 다짐육은 키친타월로 핏물을 닦는다.
2 쇠고기, 돼지고기, 양파, 소금, 후춧가루, 파슬리가루를 섞는다. 반죽에 빵
가루를 조금씩 넣으면서 단단한 정도를 조절한다.
3 7cm 크기의 동그란 모양을 만든다.
4 오일을 두른 팬에 3을 노릇하게
구운 후 스테이크소스를 뿌린다.
5 함박스테이크 위에 어린잎채소를
올려낸다.

Tip 아침밥에 사용할 어린잎채소 한줌
을 따로 준비해둔다.

양배추피클

요긴한 아이용 밑반찬(28p) 참조

알배추피클
어린잎채소
참치샐러드

+

크루아상

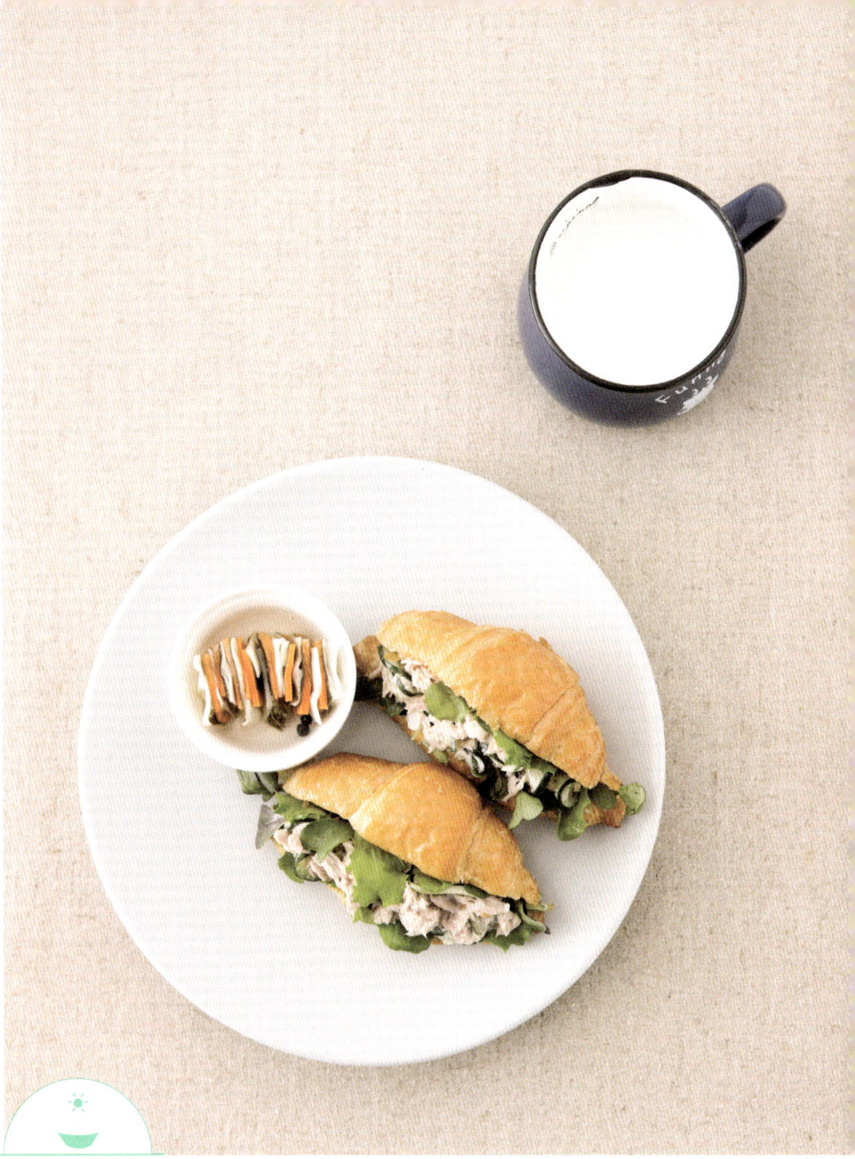

BREAKFAST MENU

참치크루아상 & 양배추피클

재료 크루아상 4개, 참치샐러드 1/2컵, 어린잎채소 한줌, 마요네즈 약간, 양배추피클 약간

1 크루아상을 가로로 반을 가르고 자른 면에 마요네즈를 가볍게 바른다.
2 어린잎채소와 참치샐러드를 사이에 넣는다.
3 양배추피클을 곁들여낸다.

2

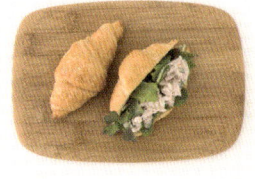

03

저녁 한 상
콘샐러드
쇠고기찹쌀구이
맑은 조갯국

+ 저장 +

콘샐러드

아침 한 그릇
옥수수 식빵피자

콘샐러드

재료 옥수수통조림 1개, 다진 양파·다진 당근 3큰술씩, 마요네즈 5큰술, 소금·후춧가루
· 파슬리가루 약간씩

1 옥수수통조림은 체에 밭쳐 물기를 제거한다.
2 옥수수, 다진 양파, 다진 당근에 마요네즈, 소금, 후춧가루, 파슬리가루를
넣어 가볍게 버무린다.

쇠고기찹쌀구이

재료 쇠고기 등심(샤브샤브용) 200g, 찹쌀가루 1/2컵, 스테이크소스(시판용)·오일·
소금·후춧가루 약간씩

1 쇠고기는 소금, 후춧가루를 뿌려 밑간한다.
2 쇠고기 앞뒤로 찹쌀가루를 가볍게 묻힌 뒤 오일을 두른 팬에 노릇하게 굽
는다.
3 스테이크소스를 뿌려낸다.

맑은 조갯국

재료 모시조개 200g, 무 3cm 두께 1/2조각, 다시마 사방 5cm 1장, 물 3컵,
다진 마늘 1/2작은술, 실파 1대, 국간장 2작은술, 소금 약간

1 무는 네모 썰기하고, 실파는 송송 썬다.
2 물에 모시조개, 무, 다시마를 넣어 10분간 끓인 후 다시마를 건져낸다.
3 다진 마늘, 국간장, 실파, 소금을 넣어 한소끔 끓인다.

콘샐러드

+
식빵
모차렐라치즈

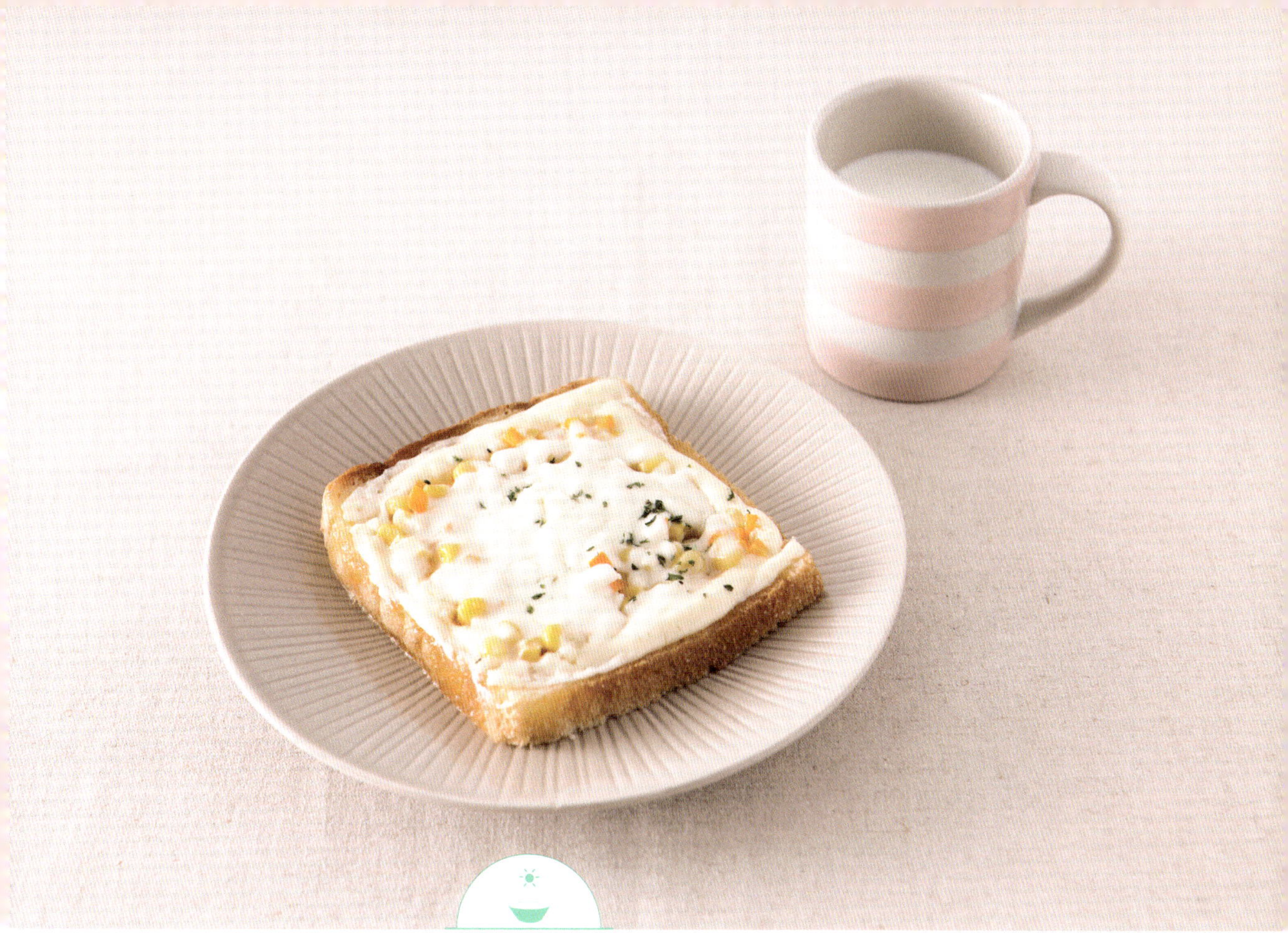

BREAKFAST
MENU

옥수수
식빵피자

재료 식빵 2장, 콘샐러드 1컵, 마요네즈 4큰술, 모차렐라치즈 1/2컵, 파슬리가루 약간

1 식빵 가장자리에 마요네즈를 짜서 테두리를 만든다.
2 가운데에 콘샐러드를 올려 넓게 펴고 모차렐라치즈를 올린다.
3 180도의 오븐에서 5분간 구운 후 파슬리가루를 뿌려낸다.

Tip 전자레인지로 2~3분간 돌려 모차렐라치즈를 녹여도 좋다.

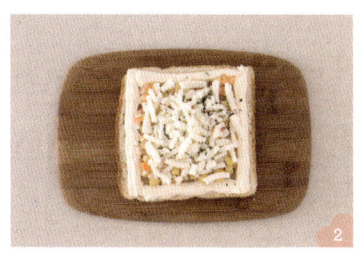

애호박찜

재료 애호박 1/2개, 양파 1/2개, 새우젓 1/2큰술, 고춧가루 1/2작은술, 들기름 2큰술, 통깨 약간

1 애호박은 0.7cm 반달 모양으로 썰고, 양파는 굵직하게 채 썬다.
2 애호박, 양파에 새우젓, 고춧가루, 들기름, 통깨를 넣어 가볍게 버무린다.
3 뚝배기에 담은 후 물 3큰술을 넣고 약불에서 뚜껑을 닫고 익힌다.

Tip 애호박이 뚝배기에 누르지 않도록 중간 중간 저어준다.

고등어구이

재료 고등어 1/2마리, 전분가루 2큰술, 레몬(라임) 1조각, 오일·굵은소금·후춧가루 약간씩

1 고등어의 뼈를 제거한 후 소금과 후춧가루를 뿌려 10분간 둔다.
2 키친타월로 물기를 닦은 후 전분가루를 가볍게 묻혀 오일을 약하게 두른 팬에 노릇하게 굽는다.
3 레몬을 가볍게 뿌려낸다.

마카로니샐러드

재료 마카로니 2컵, 슬라이스햄 3장, 다진 양파 3큰술, 마요네즈 5큰술, 소금·후춧가루·파슬리가루 약간씩

1 마카로니는 10분 동안 삶은 후, 뜨거울 때 소금으로 약하게 간을 한다.

2 슬라이스햄을 곱게 다진다.

3 볼에 마카로니, 슬라이스햄, 다진 양파, 마요네즈, 소금, 후춧가루, 파슬리가루를 넣어 가볍게 버무린다.

저장용기

마카로니샐러드

+
식빵

마카로니포켓

재료 식빵 4장, 마카로니샐러드 1/2컵, 달걀물 약간

1 식빵은 가장자리를 자른 후, 마카
  로니샐러드를 올려 반으로 접는다.
2 가장자리에 달걀물을 발라 포크로
  눌러 붙인 후 마른 팬에 노릇하게
  굽는다.

닭곰탕

재료 밥 1.5공기, 닭 1마리, 대파 2대, 통후추 5알, 양파 1개, 마늘 3톨, 소금·
후춧가루 약간씩

1 닭, 양파, 대파 1대는 듬성듬성 적당한 크기로 잘라 준비한다. 냄비에 닭,
양파, 대파, 마늘을 넣고 잠길 정도의 물을 부은 다음, 강불에서 끓인다.

2 거품을 걷어내고 뚜껑을 닫은 뒤, 약불에서 푹 끓여 닭고기를 익힌다.

3 닭고기가 익으면 양파, 대파, 마늘, 통후추, 닭고기를 건져낸다.

4 닭고기는 살과 뼈를 분리하여 살을 잘게 찢어 국물에 다시 넣은 후 소금으
로 간한다.

5 그릇에 따뜻한 밥을 담고 4에서 준비한 고기와 국물을 부은 다음, 대파 1
대를 송송 잘게 썰어 얹어낸다.

채소동그랑땡

재료 표고버섯 5개, 양파 1/2개, 당근 약간, 브로콜리 1/2줌, 달걀 2개, 밀가루 1/4컵,
오일·소금 약간씩

1 표고버섯, 양파, 당근, 브로콜리는 곱게 다진다.

2 다진 채소에 밀가루, 달걀, 소금을 넣고 섞어서 반죽을 만든다.

3 오일을 두른 팬에 동그랗게 부친다.

Tip 아침밥에 사용할 다진 채소 1/2컵을 따로 준비해둔다.

무생채

재료 무 5cm 두께 1조각
양념 식초 2큰술, 설탕 1/2큰술, 멸치액젓 1작은술, 소금 약간

1 무를 가늘게 채 썬다.

2 분량의 양념을 넣어 가볍게 무치고 30분간 둔다.

Tip 무를 곱게 채 썰지 못할 경우는 채칼을 사용하면 편리하다.

저장용기

+
밥

BREAKFAST
MENU

영양닭죽

재료 닭곰탕 2컵, 밥 1/2공기, 다진 채소 1/2컵, 통깨 · 소금 약간씩

1 닭곰탕의 닭살을 건져내 곱게 다진다.
2 닭곰탕에 닭살, 밥, 다진 채소를 넣고, 중간 중간 나무 주걱으로 저어가며 밥이 퍼지도록 끓인다.
3 소금으로 간하고 통깨를 뿌려낸다.

06

저녁 한 상
데리야키닭고기
우엉채볶음
멸치볶음

+ 저장 +

데리야키닭고기
우엉채볶음
멸치볶음

아침 한 그릇
멸치김밥

데리야키닭고기

재료 닭다리살 4개, 백만송이버섯 1/2팩, 대파 흰 부분 5cm 1조각, 전분가루 3큰술,
오일 · 소금 · 후춧가루 약간씩
양념 간장 3큰술, 올리고당 · 맛술 2큰술씩

1 닭다리살은 한입 크기로 썰어 소금, 후춧가루로 밑간을 한 후 전분가루를
가볍게 묻힌다.

2 오일을 두른 팬에 닭다리살을 노릇하게 굽는다.

3 닭다리살을 꺼내고 같은 팬에 채 썬 대파를 볶아 향을 낸 후 백만송이버섯
과 닭다리살을 넣어 볶는다.

4 양념을 넣어 재빨리 볶는다.

우엉채볶음

재료 우엉 300g(2대), 올리고당 2큰술, 통깨 · 참기름 · 식초 약간씩
양념 간장 3큰술, 설탕 2큰술, 맛술 · 오일 1큰술씩

1 우엉은 채 썰고, 식초를 약간 넣은
물에 10분간 담가 두었다 물기를
제거한다.

2 냄비에 우엉을 담는다. 우엉이 잠
길 정도의 물을 붓고 양념을 넣어
끓인다.

3 물이 자작해지면 불을 끄고 올리고
당, 참기름, 통깨를 넣어 버무린다.

멸치볶음

재료 잔멸치 2컵, 견과류 1줌, 설탕 · 참기름 1큰술씩, 올리고당 · 오일 · 맛술 2큰술씩,
송송 썬 실파 3큰술, 통깨 약간

1 잔멸치는 전자레인지로 30초간 돌린다.

2 오일을 두른 팬에 잔멸치를 넣고 약불에서 볶는다.

3 맛술, 설탕, 참기름을 둘러 재빨리 볶은 후, 견과류와 올리고당을 넣고 가
볍게 버무린다. 통깨와 실파를 넣는다.

저장용기

+

김, 밥, 단무지

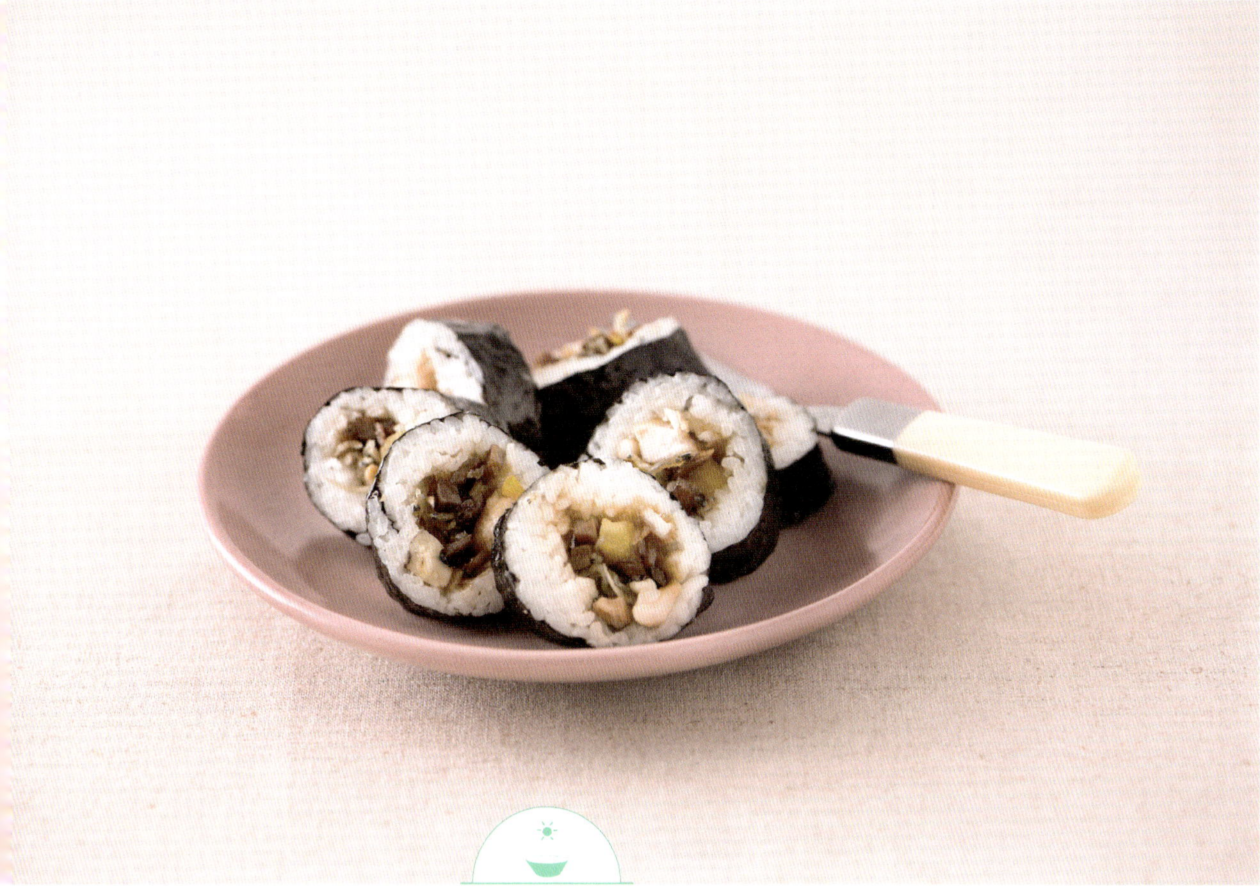

BREAKFAST
MENU

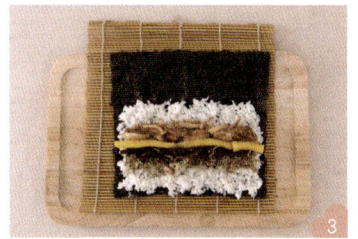

멸치김밥

재료 밥 1.5공기, 김 2장, 단무지 2줄, 멸치볶음 1/3컵, 우엉채볶음 1/2컵, 데리야키닭고기 1/2컵
밥 양념 참기름 2작은술, 소금 · 통깨 약간씩

1 데리야키닭고기는 듬성듬성 자르고 따뜻한 밥에 밥 양념을 넣어 버무린다.
2 김의 절반 정도에 밥을 얇게 편다.
3 밥 위에 단무지, 멸치볶음, 우엉채볶음, 데리야키닭고기를 올려 돌돌 만 후 1cm 두께로 썬다.

3

Tip 단무지는 시판용 제품을 사용해도 되지만, 요긴한 아이용 밑반찬(27p 참조)의 홈메이드 단무지를 참고하여 만들어도 좋다.

Everything starts from a dot

drawing from

명란달걀찜

재료 달걀 2개, 저염 명란 1덩어리, 물 1/3컵, 송송 썬 실파 3큰술, 다진 양파 3큰술,
참기름 약간

1 명란은 껍질을 제거한다.
2 달걀을 곱게 푼 후, 명란, 실파,
양파를 넣어 섞는다.
3 뚝배기에 물을 넣어 끓이다. 2를
넣어 재빨리 젓는다.
4 뚜껑을 닫아 약불로 끓인 후 완
성되면 참기름을 뿌려낸다.

Tip 아침밥에 사용할 저염 명란 1덩어리를 따로 준비해둔다.

새우샐러드

재료 새우(중하) 5개, 오이 1/4개, 양배추 2장, 통깨 약간
양념 식초 2큰술, 설탕 1큰술, 간장 1작은술, 참기름 · 소금 · 통깨 약간씩

1 새우는 껍질을 제거하고 끓는
물에 가볍게 데친 다음, 편으로
썰어 2등분한다.
2 오이와 양배추를 곱게 채 썬다.
3 새우, 오이, 양배추에 분량의 양
념을 섞어 넣은 후 가볍게 버무
린다.

Tip 아침밥에 사용할 오이채 1/2컵을 따로 준비해둔다.

미소시루

재료 팽이버섯 1/4봉지, 다시마 사방 5cm 1장, 물 2.5컵, 송송 썬 대파 3큰술,
미소(일본된장) 2큰술, 소금 약간

1 물에 다시마를 넣어 끓인다.
2 10분 후 다시마를 건져내고, 미소를 풀어 넣는다.
3 2cm 길이로 썬 팽이버섯과 대파를 넣은 후 소금으로 간한다.

+
김
밥

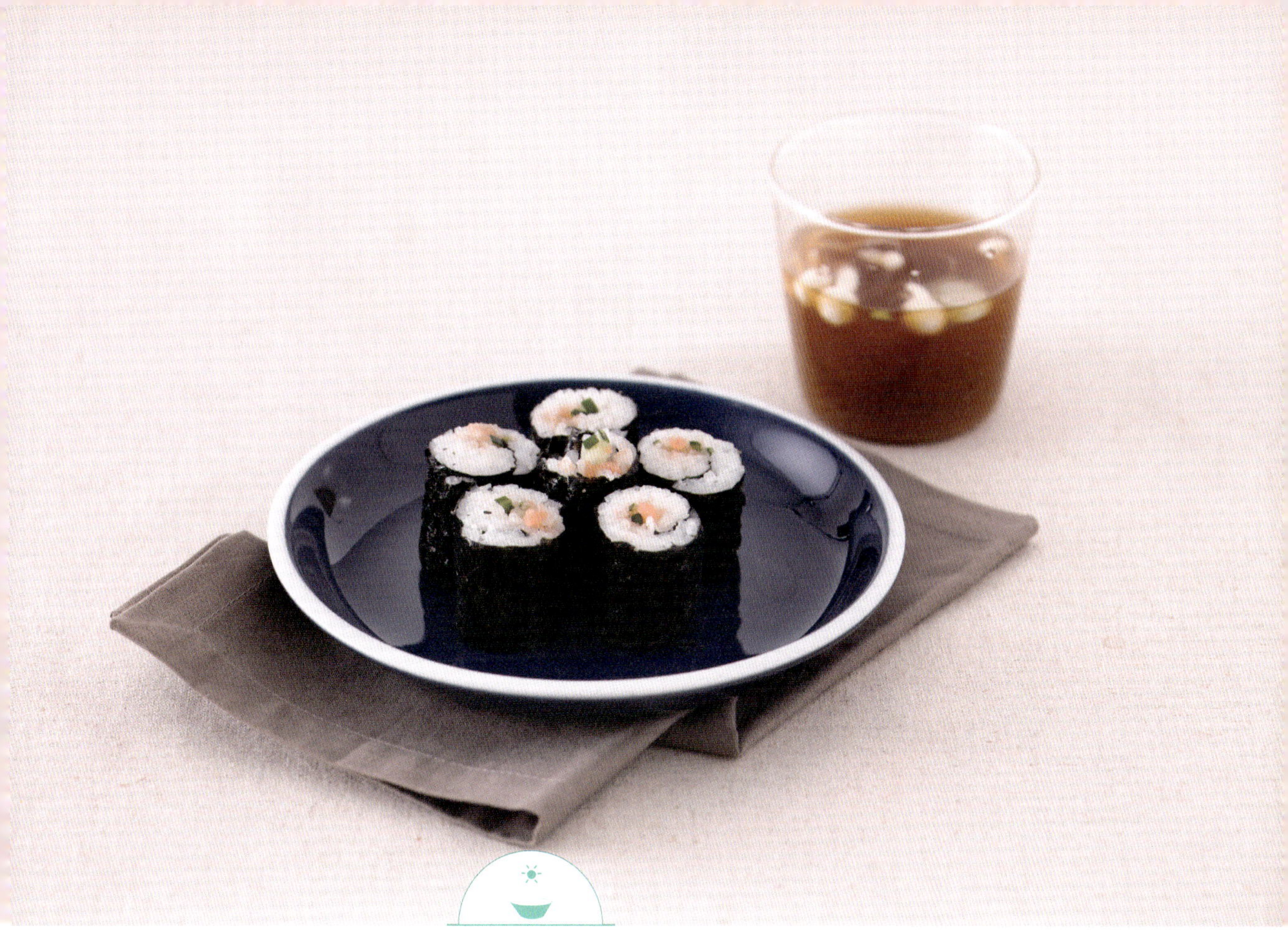

BREAKFAST MENU

오이명란김밥 & 미소시루

재료 밥 1.5공기, 저염 명란 1덩어리, 오이채 1/2컵
밥 양념 참기름 2작은술, 소금 · 통깨 약간씩

1 따뜻한 밥에 밥 양념을 넣어 버무린다.
2 김은 2등분하여, 밥을 얇게 편다.
3 명란과 오이채를 올려 돌돌 말아 3등분으로 썬 뒤, 미소시루를 곁들여낸다.

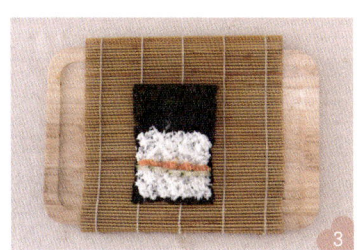

08

저녁 한 상
닭고기조림
연부두국
오이지무침

+ 저장 +

닭고기조림

아침 한 그릇
닭고기삼각김밥

닭고기조림

재료 닭다리살 3개, 곤약 100g, 다진 마늘 1/2큰술, 참기름 1작은술, 송송 썬 실파·
    통깨·오일 약간씩
양념 간장·맛술 2큰술씩, 설탕 2작은술, 다시마물(또는 물) 1/2컵

1 닭다리살은 한입 크기로 썰고 분량의 양념 재료는 섞어둔다.
2 곤약은 2x4cm 크기로 얇게 자르고 가운데 칼집을 넣는다. 칼집 사이로 한
   쪽 면을 넣어 타래 모양을 만든다.
3 오일을 두른 팬에 다진 마늘을 볶아 향을 낸 후, 닭다리살을 볶는다.
4 닭다리살이 익으면 섞어둔 양념을 넣어 한소끔 끓인다.
5 곤약을 넣고 국물을 자작하게 조린 후 참기름, 통깨, 실파를 넣는다.

Tip 다시마물이 없을 경우 물로 대체해도 좋지만, 다시마물을 넣으면 감칠맛과 깊
    은 맛이 난다.

연두부국

재료 시금치 1/2줌, 연두부 1팩, 물 2.5컵, 새우젓 2작은술, 대파 1/2대,
    멸치(다시용) 1/2줌, 다시마 사방 5cm 1장

1 시금치는 반으로 자르고, 대파는
   어슷 썰어 준비한다.
2 물에 멸치와 다시마를 넣어 10분
   간 끓인 후 멸치와 다시마를 건져
   낸다.
3 연두부, 시금치, 대파를 넣고 한
   소끔 끓인 후, 새우젓을 넣어 간을
   한다.

오이지무침

재료 오이지 1개, 참기름 1큰술, 통깨·설탕 1작은술씩, 송송 썬 실파 약간

1 오이지는 얇게 링 모양으로 썬 뒤 물에 10분간 담가둔다.
2 물기를 짜고 참기름, 통깨, 설탕, 실파를 넣어 가볍게 버무린다.

Tip 오이지는 시판 제품을 구입할 수도 있지만, 요긴한 아이용 밑반찬(28p)을 참고하여 만든 것을 활용하면 더 좋다.

저장용기

+
김
밥

BREAKFAST
MENU

닭고기
삼각김밥

재료 밥 1.5공기, 닭고기조림 1/2컵, 김 1/2장, 참기름 2작은술, 통깨 약간

1 닭고기조림은 잘게 썬다.

2 따뜻한 밥에 잘게 썬 닭고기조림과 참기름, 통깨를 넣어 버무린다.

3 삼각틀에 2를 넣어 모양을 만든 후, 4등분한 김으로 두른다.

Marion Deuchars

햄스크램블

재료 달걀 2개, 우유 1/3컵, 슬라이스햄 3장, 다진 양파·다진 시금치 3큰술씩,
오일·소금 약간씩

1 슬라이스햄은 곱게 다진다.
2 달걀에 다진 햄, 다진 양파, 다진 시금치를 넣는다.
3 우유를 넣어 곱게 푼 후 소금으로 약하게 간을 한다.
4 오일을 두른 팬에 3을 넣고 재빨리 저어 볶는다.

Tip 아침밥에 사용할 다진 양파 3큰술과 슬라이스햄 10장을 따로 준비해둔다.

연어구이

재료 연어 2조각, 양파 1/2개, 레몬 1조각, 소금·후춧가루·파슬리가루 약간씩

1 양파는 곱게 채 썰고 연어는 소금과 후춧가루를 뿌려 밑간을 한다.
2 오일을 두른 팬에 양파와 연어를 함께 올린다.
3 양파는 소금으로 약하게 간하여 부드럽게 볶고 연어는 노릇하게 굽는다.
4 구운 연어에 레몬즙과 파슬리가루를 뿌리고 볶은 양파를 곁들여낸다.

김치전

재료 다진 김치 1컵, 다진 양파 3큰술, 밀가루 1/2컵, 멥쌀가루 3큰술, 오일·소금 약간씩

1 김치는 흐르는 물에 가볍게 씻어 물기를 제거한 다음, 잘게 다진다.

2 밀가루, 다진 김치, 다진 양파에 물을 넣어 반죽을 한 후 멥쌀가루를 넣는다.

3 오일을 두른 팬에 노릇하게 구워 한입 크기로 썬다.

Tip 멥쌀가루를 넣으면 바삭하게 구워진다. 아침밥에 사용할 다진 김치 1/2컵을 따로 준비해둔다.

저장용기

+
밥

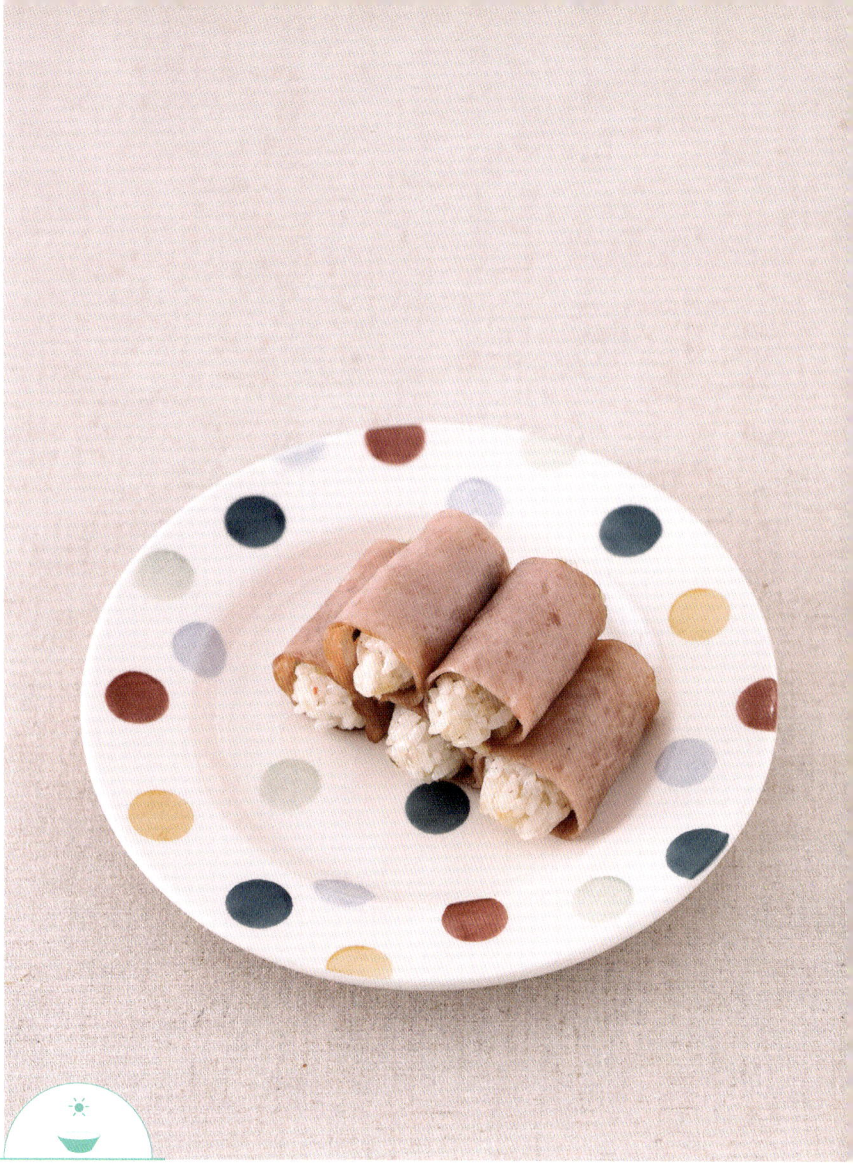

BREAKFAST
MENU

햄말이밥

재료 밥 1공기, 다진 김치 1/2컵, 다진 양파 3큰술, 슬라이스햄 10장, 오일 · 소금 약간씩

1 슬라이스햄은 반으로 자르고 마른 팬에 살짝 굽는다.
2 오일을 두른 팬에 양파와 김치를 넣어 부드럽게 볶는다.
3 2에 밥을 넣어 볶은 후 소금으로 간을 한다.
4 3을 동그란 모양으로 만든 후, 슬라이스햄 위에 올려 돌돌 만다.

4

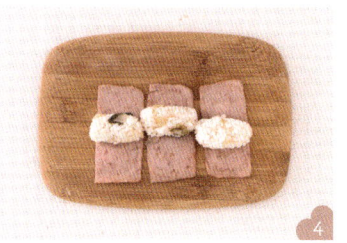

돈가스

재료 돼지고기 등심 300g, 밀가루 1/3컵, 달걀물 1개분, 빵가루 2컵, 오일 1컵,
밥 1/2공기, 소금·후춧가루·돈가스소스(시판용) 약간씩

1 돼지고기 등심은 칼등으로 두들긴 후 소금, 후춧가루를 뿌려 밑간한다.
2 밀가루, 달걀물, 빵가루 순으로 옷을 입힌다.
3 오일에 노릇하게 튀긴 후, 돈가스소스를 뿌린다.
4 따뜻한 밥을 컵에 넣고 흔들어 동그란 모양을 만들어서 곁들인다.

양배추볶음

재료 양배추 6장, 송송 썬 실파 1큰술, 오일·참기름·통깨·소금 약간씩

1 양배추는 곱게 채 썬다.
2 오일을 두른 팬에 양배추를 넣어 부드럽게 볶은 후 소금으로 간을 한다.
3 참기름, 실파, 통깨를 넣는다.

달걀국

재료 물 3컵, 달걀 2개, 송송 썬 대파 3큰술, 양파 1/6개, 멸치(다시용) 1/2줌,
다시마 사방 5cm 1장, 국간장 2작은술, 소금 약간

1 물에 멸치와 다시마를 넣어 10분간 끓인 후 건져낸다.
2 양파는 채 썰어 넣고, 달걀을 풀어 넣는다.
3 대파를 넣고 국간장, 소금으로 간을 한다.

돈가스(1cm 폭으로 썰어 보관)
양배추 볶음

+
밥
김
단무지

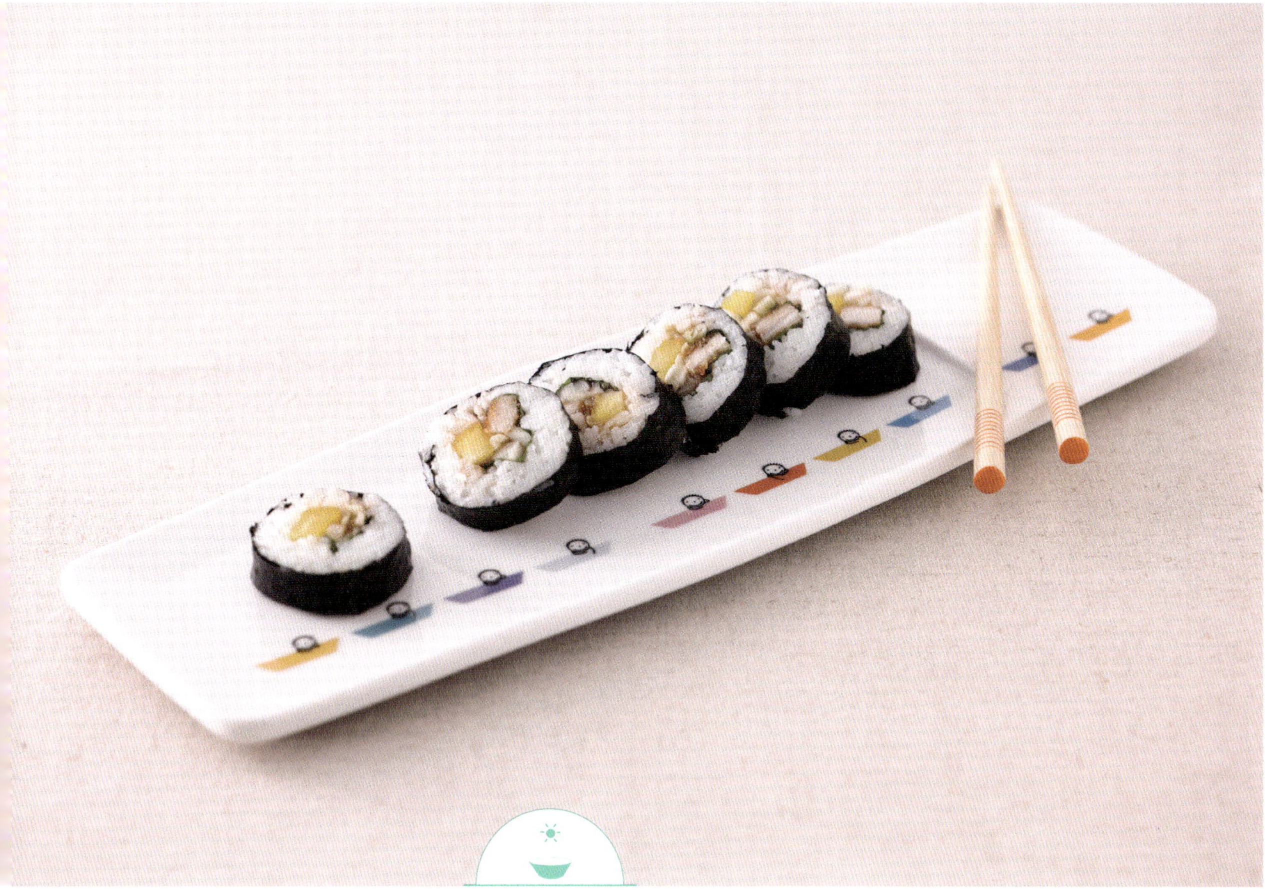

BREAKFAST
MENU

돈가스김밥

재료 밥 1.5공기, 김 2장, 단무지 2줄, 돈가스 2장, 양배추볶음 1컵, 깻잎 4장, 돈가스소스 약간

밥 양념 참기름 2작은술, 소금 · 참깨 약간씩

1 깻잎은 2등분하고, 돈가스는 1cm 폭으로 길게 썬다.

2 따뜻한 밥에 밥 양념을 넣어 버무린 다음, 김 위에 밥을 얇게 편다.

3 깻잎, 단무지, 돈가스, 양배추볶음, 돈가스소스를 올려 돌돌 만 뒤, 1cm 두께로 썬다.

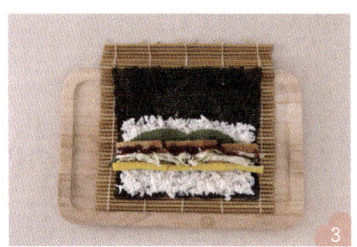

11

저녁 한 상
감자채볶음
김달걀말이
시금치된장국

+ 저장 +
감자채볶음

아침 한 그릇
밥전

감자채볶음

재료 감자(中) 3개, 당근 1/4개, 양파 1/2개, 오일 1큰술, 참기름 1/2큰술, 검은깨·
    소금 약간씩

1 감자, 당근, 양파는 모두 곱게 채를 썬다.

2 채 썬 감자는 찬물에 10분간 담가 전분기를 제거한 후 물기를 뺀다.

3 오일을 두른 팬에 감자, 당근 양파를 넣고 중불에서 볶는다.

4 참기름, 검은깨, 소금을 넣어 간을 한다.

Tip 감자의 전분을 제거하여 볶으면 팬에 들러붙거나 부서지지 않는다.

김달걀말이

재료 달걀 2개, 김 2장, 오일·소금 약간씩

1 김은 마른 팬에 앞뒤를 살짝 굽고 달걀은 소금으로 간하여 곱게 푼다.

2 오일을 두른 팬에 달걀 분량의 1/2를 넣고 김 1장을 올려 돌돌 만다.

3 남은 달걀물을 붓고 어느 정노 익으면 김 1/2장을 잘라 올려 돌돌 만다.

4 2~3회 반복하여 도톰하게 만든 후 한입 크기로 썬다.

시금치된장국

재료 시금치 1/3단, 된장 1.5큰술, 물 3컵, 바지락 200g, 송송 썬 대파 1큰술, 고춧가루·
    국간장·다진 마늘 1작은술씩, 소금 약간

1 물에 바지락을 넣고 10분간 끓인 후 된장을 풀어 넣는다.

2 한소끔 끓으면 시금치를 넣고 끓인다.

3 다진 마늘, 대파, 고춧가루, 국간장을 넣고 한소끔 끓인 후 소금으로 나머
  지 간한다.

Tip 아이들이 먹기 좋도록 바지락은 껍데기를 제거하여 살만 넣는다.

+
밥
달걀

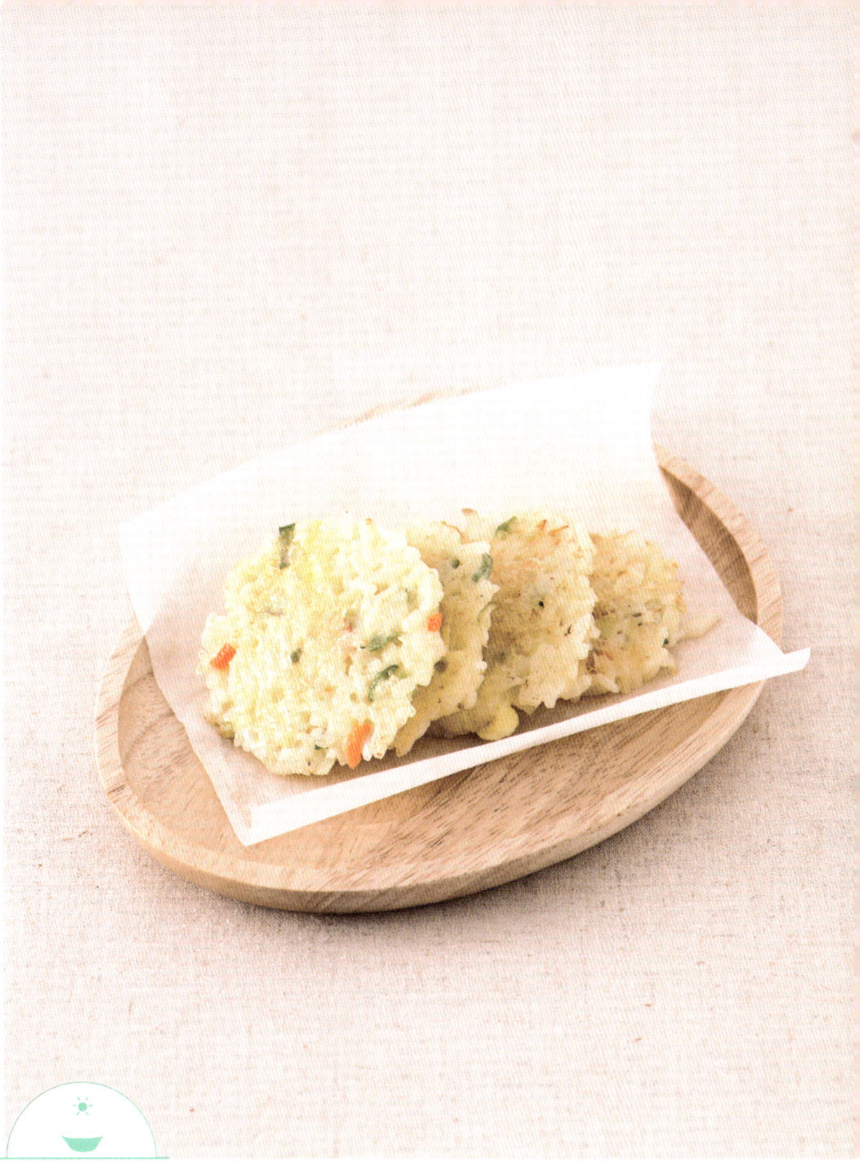

BREAKFAST
MENU

밥전

재료 밥 1공기, 감자채볶음 1컵, 달걀 1개, 다진 대파 2큰술, 오일 · 소금 약간씩

1 감자채볶음을 잘게 썬다.
2 밥, 감자채볶음, 다진 대파, 달걀을 넣어 섞은 후 소금으로 간을 한다.
3 오일을 두른 팬에 동그란 모양으로 올리고 노릇하게 굽는다.

3

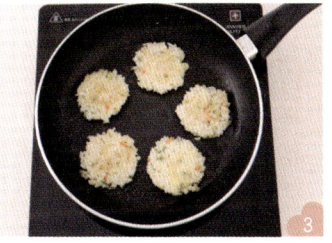

12

저녁 한 상
조랭이미역국
해산물볶음
옥수수전
+ 저장 +
해산물볶음
조랭이떡

아침 한 그릇
궁중조랭이

조랭이미역국

재료 불린 미역 1/2컵, 물 3컵, 쇠고기 100g, 조랭이떡 1컵, 국간장 2작은술, 참기름 ·
소금 · 후춧가루 약간씩

1 쇠고기를 얇게 펴서 썬 후 키친타월로 핏물을 닦는다.

2 참기름을 두른 냄비에 쇠고기를 볶다 갈색이 되면 미역을 넣어 볶는다.

3 물을 넣어 끓인 후 조랭이떡을 넣는다.

4 국간장과 소금, 후춧가루로 간을 한다.

Tip 아침밥에 사용할 조랭이떡 1컵을 따로 준비해둔다.

해산물볶음

재료 오징어(몸통) 2마리분, 칵테일새우 1컵, 청경채 3개, 다진 마늘 1큰술,
물전분 1큰술, 참기름 · 통깨 약간씩
양념 간장 2큰술, 굴소스 1큰술, 올리고당 1큰술

1 오징어는 껍질을 제거하여 안쪽에 칼집을 넣은 후 한입 크기로 썬다. 청경
채는 반으로 자른다.

2 오일을 두른 팬에 다진 마늘을 볶다가 오징어와 새우를 넣어 볶는다.

3 청경채와 양념 재료를 넣어 재빨리 볶는다.

4 물전분으로 농도를 낸 후, 참기름과 통깨를 넣어 마무리한다.

Tip 물전분은 전분가루(옥수수, 감자, 고구마):물=1:1로 섞어 농도를 낸다.

옥수수전

재료 오징어(다리) 2마리분, 옥수수통조림 1컵, 다진 양파 3큰술, 다진 브로콜리 3큰술, 달걀 1개, 밀가루 3큰술, 오일 · 소금 약간씩

1 오징어 다리는 곱게 다지고, 옥수수통조림은 물기를 제거해 준비한다.

2 오징어, 옥수수, 양파, 브로콜리에 달걀, 밀가루를 넣어 섞은 후 소금으로 간을 한다.

3 오일을 두른 팬에 동그란 모양으로 올리고 노릇하게 부친다.

저장용기

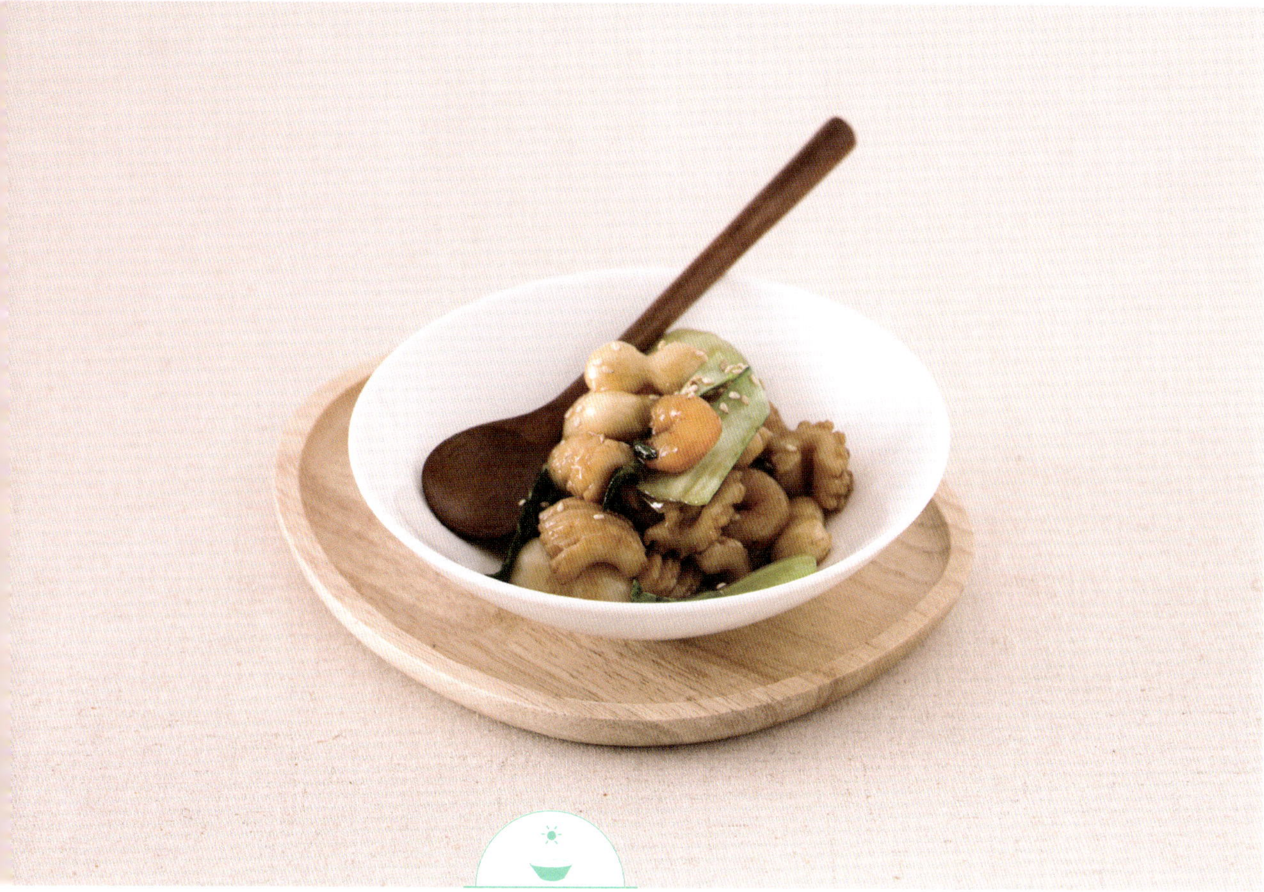

BREAKFAST
MENU

궁중조랭이

재료 조랭이떡 1컵, 해산물볶음 1컵, 오일 · 참기름 · 통깨 · 소금 약간씩

1 오일을 두른 팬에 조랭이떡을 넣어 부드럽게 볶는다.

2 해산물볶음을 넣어 재빨리 볶은 후, 참기름, 통깨, 소금을 넣어 간을 한다.

2

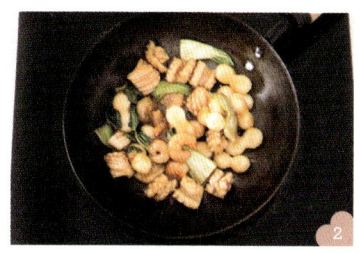

13

저녁 한 상
두부강된장
삼겹살파채구이
양배추찜

+ 저장 +
두부강된장
양배추찜

아침 한 그릇
양배추쌈밥

두부강된장

재료 두부 1/4모, 양파 1/2개, 호박 1/3개, 다진 견과류 3큰술, 다진 파 2큰술, 다진 마늘·
　　참기름 1작은술씩, 물 1컵
양념 된장 3큰술, 고추장 1큰술, 설탕 2작은술

1 두부, 양파, 호박은 사방 1cm 크기로 썬다.
2 참기름을 두른 뚝배기에 다진 마늘, 양파, 호박, 양념 재료를 넣고 볶는다.
3 물을 넣고 강불에서 끓인다.
4 국물이 반으로 줄면 두부와 견과류를 넣고 조린 후 참기름과 다진 파를 넣
　는다.

삼겹살파채구이

재료 삼겹살 300g, 파채 2컵, 소금·후춧가루 약간씩

1 삼겹살은 소금과 후춧가루를 뿌려 밑간한 뒤 노릇하게 굽는다.
2 같은 팬 한쪽에 파채를 소금으로 간하여 가볍게 볶아 곁들여낸다.

양배추찜

재료 양배추 1/4통

1 양배추는 심 부분을 도려내고, 찜
　통에 자른 면이 아래로 가도록 놓
　는다.
2 10분간 찐 후 한김 식힌다.

+
밥

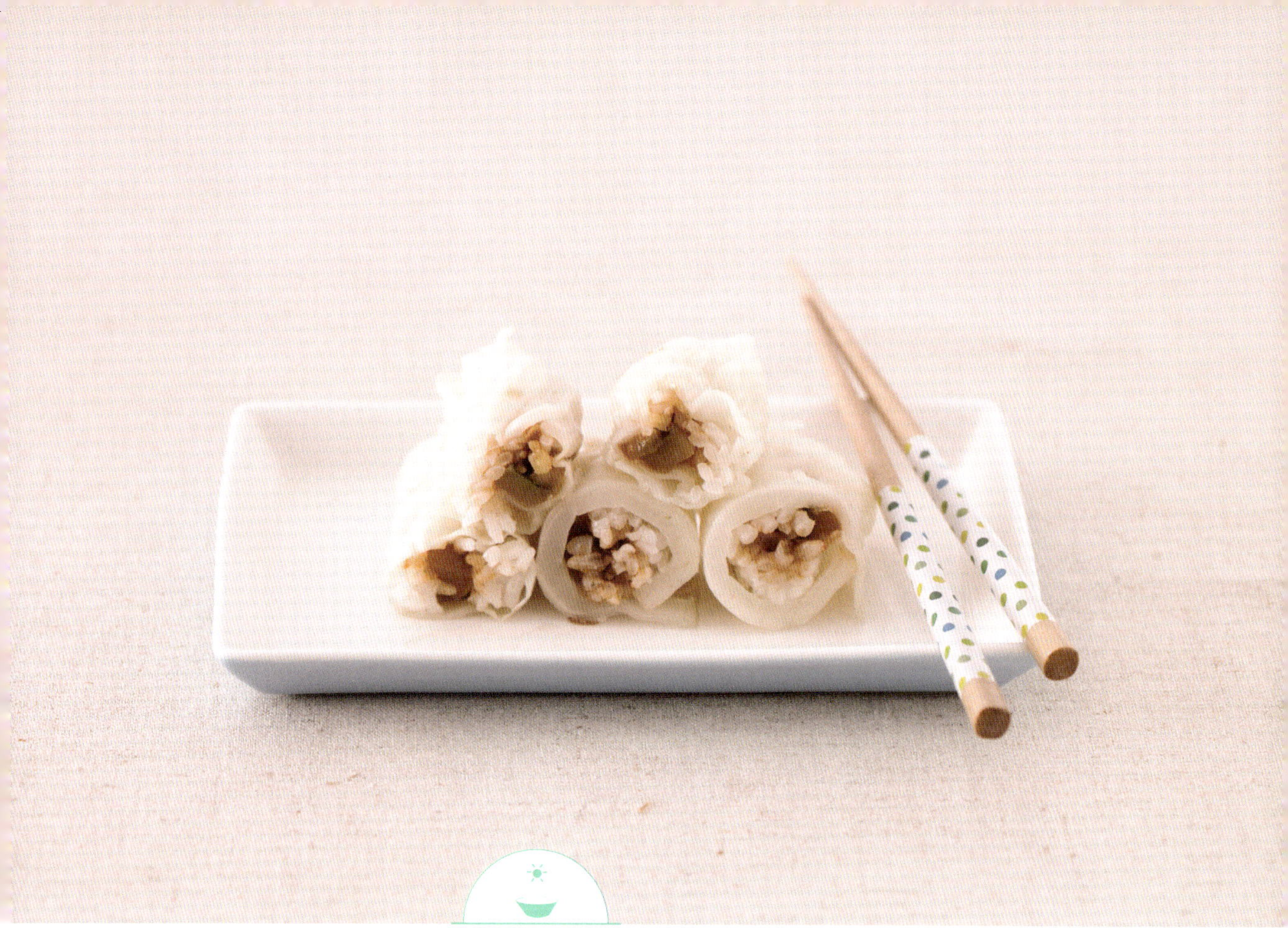

BREAKFAST MENU

양배추쌈밥

재료 밥 1공기, 양배추찜 8장, 두부강된장 3큰술
밥 양념 참기름 2작은술, 참깨 · 소금 약간씩

1 따뜻한 밥에 밥 양념을 넣고 버무린다.
2 양배추찜을 낱장으로 도마에 편 후, 두부강된장 1/2작은술과 밥 1큰술씩을 올려 돌돌 말아 이등분한다.

2

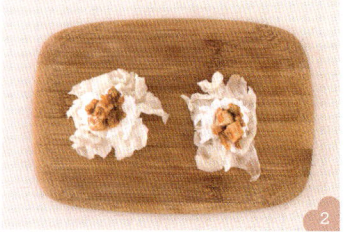

14

저녁 한 상
메추리알장조림
콩나물국
견과류볶음

+ 저장 +
메추리알장조림
견과류볶음

아침 한 그릇
메추리알삼각밥

메추리알장조림

재료 메추리알 30개, 백만송이버섯 2줌, 검은깨 약간
양념 간장 4큰술, 맛술 2큰술, 설탕 2큰술, 물 1.5컵

1 메추리알을 삶은 후 껍질을 제거한다.
2 뚝배기에 메추리알과 양념을 넣고
  뚜껑을 닫은 다음 익힌다.
3 끓기 시작하면 약불로 줄여 국물
  이 1/3정도가 될 때까지 졸인다.
4 백만송이버섯을 넣고 강불에서 국
  물을 끼얹으면서 조린 후 검은깨
  를 뿌린다.

콩나물국

재료 콩나물 1/2봉지, 물 3컵, 멸치 1/2줌, 다시마 사방 5cm 1장, 송송 썬 대파 1큰술,
     국간장·다진 마늘 1작은술씩, 소금 약간

1 물에 멸치, 다시마, 콩나물을 넣고 10분간 끓인 후 다시마와 멸치를 건진다.
2 다진 마늘을 넣은 후 국간장과 소금으로 간한다.
3 대파를 넣고 마무리한다.

Tip 콩나물국은 냄비의 뚜껑을 계속 열고 끓이거나 아니면 콩나물의 숨이 완전히
    죽을 때까지 뚜껑을 열지 않아야 콩의 비린내가 나지 않는다.

견과류볶음

요긴한 아이용 밑반찬(28p) 참조

+
밥

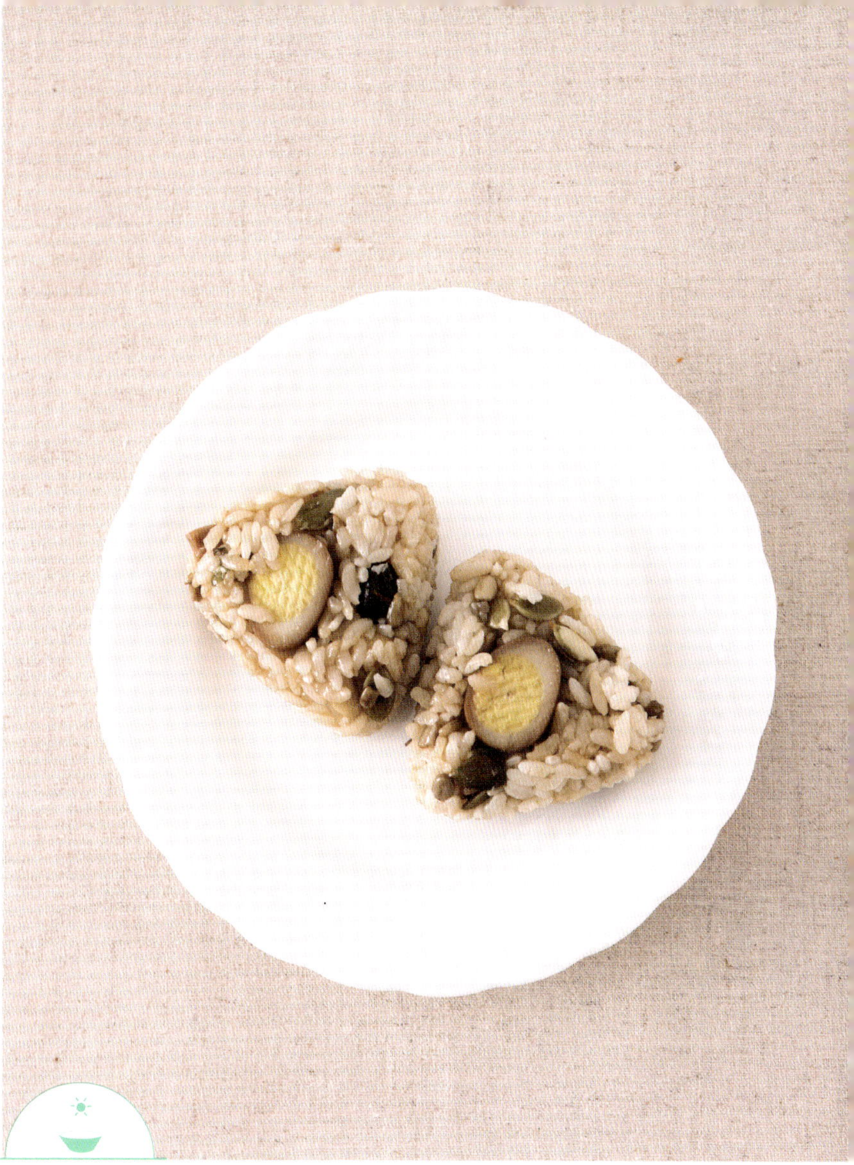

BREAKFAST
MENU

메추리알삼각밥

재료 밥 1.5공기, 메추리알장조림 1/2컵, 견과류볶음 2큰술, 참기름 1큰술

1 따뜻한 밥에 메추리알장조림, 견과류볶음, 참기름을 넣어 버무린다.

2 버무린 양념 밥을 삼각형 모양으로 만든다.

1

Tip 삼각형 모양을 만들 때 메추리알을 이등분해서 가운데 보이게끔 해준다.

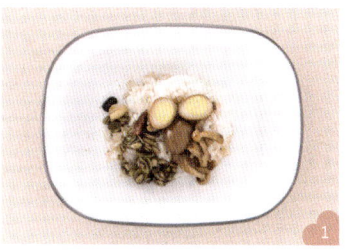

돼지고기장조림

재료 돼지고기 안심 400g, 대파 2대, 통후추 5개, 마늘 3톨, 생강 1톨
조림장 간장 1/3컵, 설탕 3큰술, 국간장 1큰술, 맛술 4큰술

1 돼지고기는 7cm 길이로 잘라서 찬물에 10분간 담가 핏물을 제거한다.
2 돼지고기가 잠길 정도의 물을 붓고 대파, 통후추, 마늘, 생강을 넣어 푹 끓인다.
3 돼지고기가 익으면 분량의 조림장 재료를 넣고 졸인다.
4 국물이 자작해지면 고기에 간과 색이 잘 배도록 조림장을 끼얹어가며 조린다. 한김 식으면 잘게 찢어 국물과 버무린다.

Tip 처음부터 조림장 재료를 넣고 돼지고기를 익히면 고기가 질겨지므로 일단 물에 푹 익힌 다음에 조림장을 넣고 조린다.

단무지무침

재료 단무지 2컵, 참기름·송송 썬 대파 1큰술씩, 설탕 1/2큰술

1 단무지는 얇게 편으로 썬다.
2 단무지에 참기름, 대파, 설탕을 넣어 버무린다.

Tip 단무지는 요긴한 아이용 밑반찬(27p)을 참조해서 만들어 사용한다.

콩나물무침

재료 콩나물 1봉지, 다진 대파 2큰술
양념 참기름 2큰술, 통깨 1/2큰술, 설탕 1/2작은술, 소금 약간

1 콩나물은 데친 후 체에 올려 그대로 식힌다.
2 콩나물이 완전히 식기 전에 다진 대파와 양념 재료를 넣고 가볍게 버무린다.

Tip 데친 콩나물을 찬물에 헹궈서 무치면 양념이 콩나물에 잘 스며들지 않는다. 삶은 콩나물은 체에 올려 그대로 물기를 제거하고 식기 전에 양념으로 무쳐야 간이 잘 밴다.

+
밥
김

BREAKFAST
MENU

장조림김밥

재료 밥 1.5공기, 김 2장, 돼지고기장조림 1/2컵, 콩나물무침 1/2컵, 단무지무침 1/3컵
밥 양념 참기름 1큰술, 소금 약간

1 따뜻한 밥은 밥 양념을 넣어 버무
   린다.
2 김 위에 밥을 얇게 펴고, 돼지고기
   장조림, 콩나물무침, 단무지무침을
   올려 돌돌 말아 1cm 두께로 썬다.

16

저녁 한 상
당면불고기
배추들깨무침
오이무침
+ 저장 +
불고기
오이무침

아침 한 그릇
불고기주먹밥

당면불고기

재료 쇠고기(불고기감) 600g, 당면 1줌, 양파 1/2개, 대파 1대, 다시마육수 1/2컵
양념 간장 4큰술, 설탕 2큰술, 매실청 1큰술, 다진 마늘·다진 파·참기름 2작은술씩,
　　　후춧가루 약간

1　당면은 따뜻한 물에 담가 불린다.

2　양파는 굵직하게 채 썰고, 대파는 어슷 썬다.

3　쇠고기는 양념 재료를 넣어 버무린 후 2를 넣어 가볍게 버무린다.

4　뚝배기에 불고기를 넣고 볶다 고기가 익기 시작하면, 다시마육수를 넣어
　　약불로 자작하게 끓인다.

5　불린 당면을 넣고 부드럽게 끓인다.

Tip 다시마육수가 없을 경우는 물 1/2컵에 국간장 1/2작은술을 섞어 대체한다.

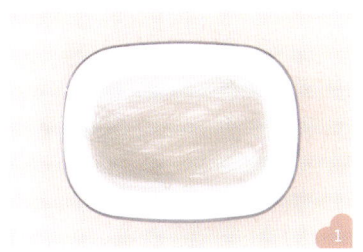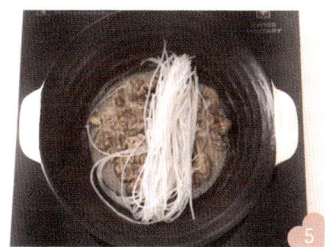

배추들깨무침

재료 배추 8장, 들깨가루 3큰술
양념 들기름 2큰술, 소금 1/2작은술, 다진 파 2작은술

1　배추는 1cm 폭으로 잘라 끓는 소금
　　물에 하얀 부분을 넣어 1분간 삶은
　　후, 파란 잎 부분을 넣어 1분간 더 삶
　　는다.

2　물기를 짠 후 양념 재료를 넣어 버
　　무린다.

3　들깨가루를 넣어 가볍게 무친다.

오이무침

재료 오이 1개, 다진 파 2큰술, 참기름 1큰술, 통깨·소금 약간씩

1 오이는 0.3cm 두께 링 모양으로 썰어 소금에 절인 후 물기를 짠다.
2 오이, 다진 파, 통깨, 참기름, 소금을 넣어 가볍게 버무린다.

저장용기

+
밥

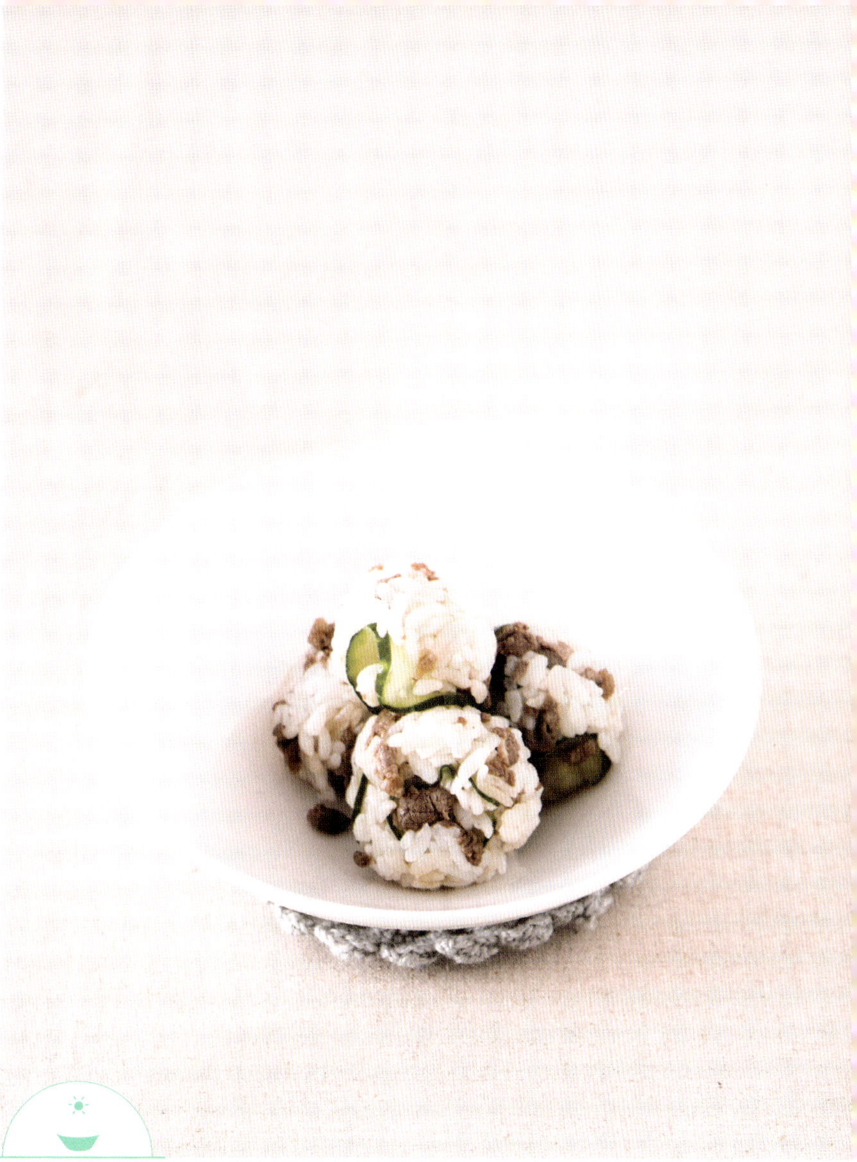

BREAKFAST
MENU

불고기주먹밥

재료 밥 1공기, 불고기 1/2컵, 오이무침 1/2컵, 참기름 2작은술, 통깨 · 오일 · 소금 약간씩

1 불고기는 곱게 다진다.
2 오일을 두른 팬에 불고기, 오이무침을 넣어 볶는다.
3 따뜻한 밥에 2와 참기름, 통깨, 소금을 넣고 버무려 동그란 모양으로 만든다.

3

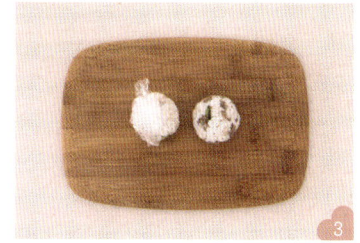

17

저녁 한 상
감자고로케
채소피클
가지볶음

+ 저장 +
볶은 채소
가지볶음
채소피클

아침 한 그릇
달걀밥볼 & 채소피클

감자고로케

재료 감자 2개, 다진 양파 1/2컵, 다진 당근 3큰술, 다진 브로콜리 3큰술, 밀가루 1/3컵, 달걀물 1개분, 빵가루 2컵, 오일 1컵, 소금·후춧가루 약간씩

1 감자는 껍질을 제거하여 4등분한 후 삶는다.
2 양파, 당근, 브로콜리는 오일을 약간 두른 팬에 가볍게 볶아 준비한다.
3 감자는 곱게 으깨고 2의 채소와 소금, 후춧가루를 넣어 섞은 후 동그란 모양을 만든다.
4 밀가루, 달걀물, 빵가루 순으로 옷을 입혀 오일에 노릇하게 튀긴다.

Tip 아침밥에 사용할 다진 채소(양파, 당근, 브로콜리) 1/2컵을 볶아 따로 준비해 둔다.

채소피클

요긴한 아이용 밑반찬(27p) 참조

가지볶음

재료 가지 3개, 양파 1/2개, 들기름 1큰술, 오일·소금·통깨·후춧가루 약간씩

1 가지는 세로 방향으로 반을 자른 다음 어슷 썰고 양파는 채 썬다.
2 오일을 두른 팬에서 가지와 양파를 볶는다.
3 소금, 후춧가루, 통깨로 간을 한 후 들기름을 넣어 마무리한다.

+
밥
달걀

달걀밥볼
&
채소피클

재료 밥 1공기, 볶은 채소 1/2컵, 달걀 1개, 가지볶음 1/2컵, 오일·소금 약간씩

1 가지볶음을 곱게 다진 후, 따뜻한 밥에 볶은 채소와 함께 넣어 섞는다.
2 소금으로 간하여 동그란 모양을 만들고, 달걀물에 묻혀 팬에 굴려가며 익힌다.
3 채소피클을 곁들여낸다.

18

저녁 한 상
불고기비빔밥
배추된장국
매생이전

+ 저장 +

상추
불고기

아침 한 그릇
불고기호밀샌드

불고기비빔밥

재료 밥 2공기, 쇠고기(불고기감) 400g, 상추 4장, 대파 1대
불고기양념 간장 3큰술, 설탕 2큰술, 매실청 1큰술, 다진 마늘·다진 파·
참기름 2작은술씩, 후춧가루 약간
양념장 간장·맛술 2큰술씩, 참기름·통깨 1작은술씩

1 대파는 어슷 썰고 쇠고기는 양념
을 넣어 버무린다. 상추는 곱게 채
썬다.
2 쇠고기는 대파와 함께 부드럽게 볶
아 준비한다.
3 밥 위에 불고기와 상추를 올리고
양념장을 곁들여낸다.

Tip 아침밥에 사용할 상추 4장을 따로 준비해둔다.

배추된장국

재료 배추 4장, 된장 2큰술, 물 3컵, 송송 썬 대파 1큰술, 다시마 사방 5cm 1장,
멸치(다시용) 1/2줌, 다진 마늘 1/2작은술, 국간장 1작은술, 소금 약간

1 물에 멸치와 다시마를 넣고 10분간 끓인 후 건져낸다.
2 배추는 3cm 폭으로 썬다.
3 1의 국물에 된장과 배추를 넣고 한소끔 끓인 후 다진 마늘, 국간장, 소금으
로 간을 한다. 대파를 넣고 마무리한다.

매생이전

재료 매생이 3큰술, 밀가루 1컵, 바지락살 1/2컵, 오일·소금 약간씩

1 밀가루에 물을 넣어 반죽을 한다.
2 매생이를 넣어 곱게 푼 후 소금으로 간을 한다.
3 오일을 두른 팬에 얇게 편 후 바지락살을 올려 노릇하게 부친다.

저장용기

+

호밀식빵

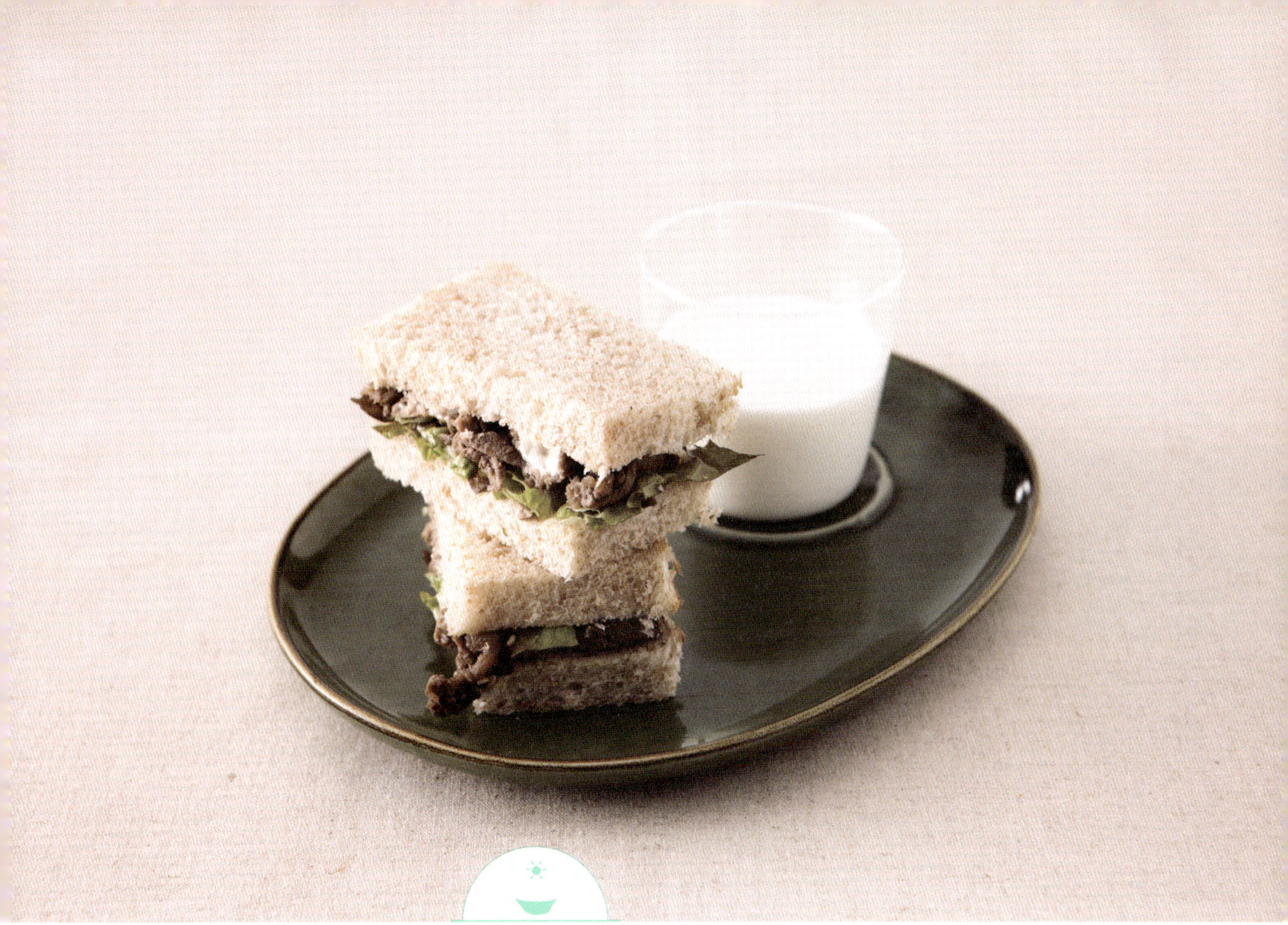

BREAKFAST MENU

불고기호밀샌드

재료 호밀식빵 4장, 불고기 1컵, 상추 4장, 마요네즈 3큰술, 씨겨자 1/2큰술

1 호밀식빵 한 면에 마요네즈와 씨겨자를 섞어 바른다.
2 상추, 불고기, 마요네즈 순으로 올려 식빵으로 덮는다. 가장자리를 잘라내고 반으로 썬다.

2

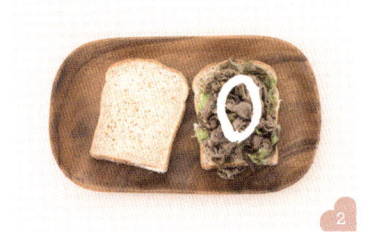

버섯영양밥

재료 쌀 1.5컵, 무 3cm 두께 1조각, 느타리버섯 1줌, 표고버섯 4개, 부추 1/2줌,
들기름 1큰술
양념장 간장·맛술 1큰술씩, 다진 파 1/2큰술, 고춧가루·참기름 1작은술씩

1 쌀은 30분 이상 불린 후 물기를 제거한다.

2 무는 0.5cm 두께로 채 썰고, 부추는 3cm 길이로 썰고, 느타리버섯과 표고
버섯은 밑동을 잘라 알맞은 크기로 자른다.

3 들기름을 두른 뚝배기에 쌀을 볶는다.

4 3 위에 무, 느타리버섯, 표고버섯을 올린 후 물을 넣어 밥을 짓는다.

5 밥이 완성되면 부추를 넣어 한번 섞어준 후 분량의 양념장을 섞어 곁들여
낸다.

Tip 쌀을 들기름에 한번 볶아서 밥을 지으면 고소한 맛을 더욱 살릴 수 있다. 밥물
은 재료를 올린 선까지 붓고, 중불에서 짓다가 밥 냄새가 나면 약불로 줄인다.

쇠고기무국

재료 쇠고기 200g, 무 3cm 두께 1조각, 물 4컵, 대파 1대, 다진 마늘 2작은술,
국간장 2작은술, 참기름·소금 약간씩

1 쇠고기는 얇게 편 썰고, 무는 사방 2cm로 네모 썰기를 한다.

2 참기름을 두른 냄비에 쇠고기를 넣어 볶다가 물과 무를 넣고 뚜껑을 닫아
끓인다.

3 무가 투명해지면 어슷 썬 대파와 다진 마늘을 넣고 국간장, 소금으로 간을
한다.

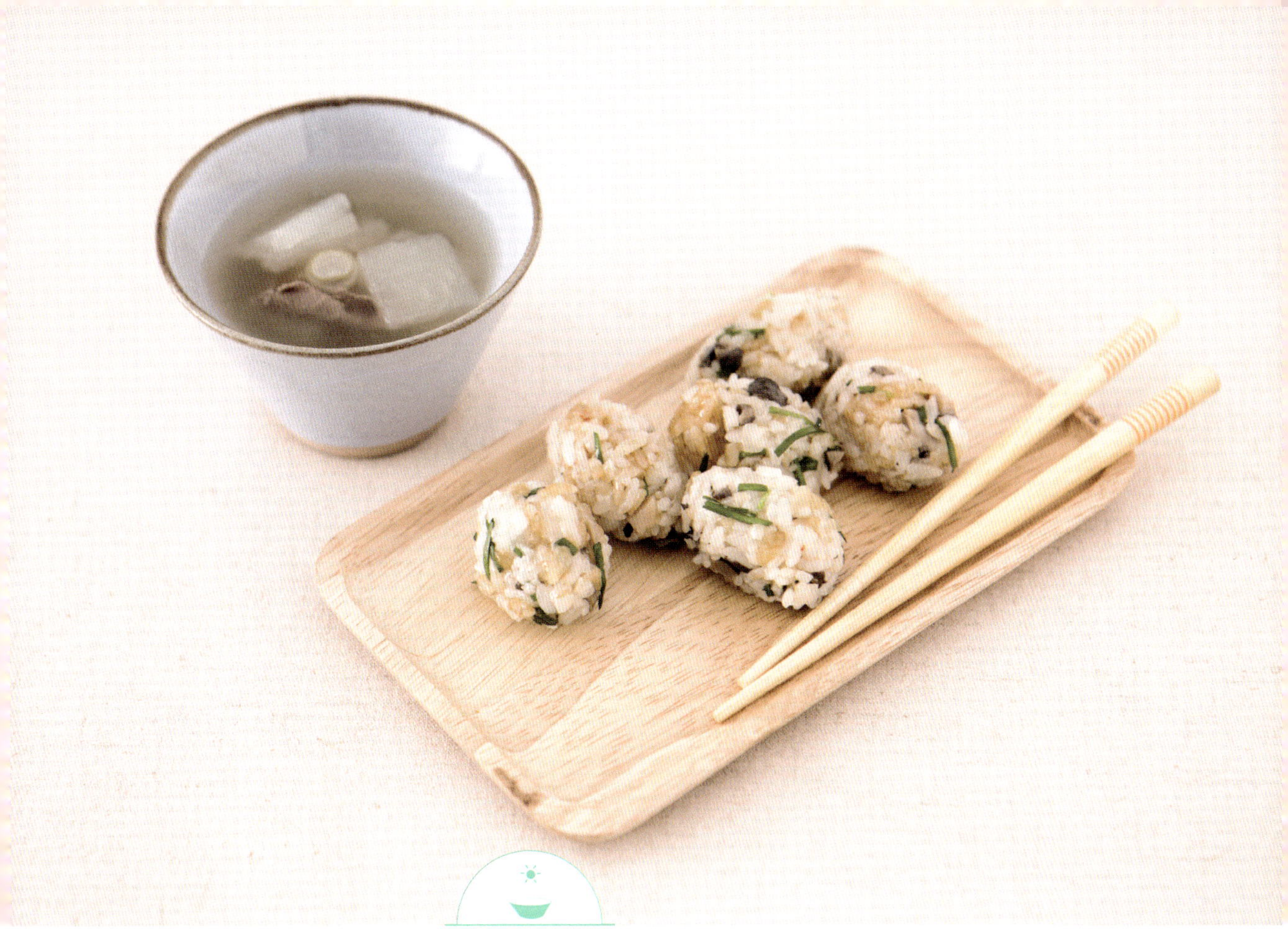

BREAKFAST
MENU

버섯주먹밥
&
쇠고기무국

재료 버섯영양밥 2공기, 쇠고기무국 1공기, 참기름 1큰술, 간장 2작은술, 통깨 약간

1 버섯영양밥을 따뜻하게 데운 후 간장, 참기름, 통깨를 넣어 버무린다.
2 한입 모양으로 동그랗게 만들고 따뜻하게 데운 쇠고기무국을 곁들여낸다.

2

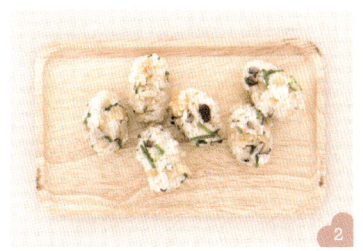

생선가스

재료 대구살 10장, 밀가루 1/2컵, 달걀물 1개분, 빵가루 2컵, 오일 1컵, 소금·
     후춧가루 약간씩
소스 마요네즈 3큰술, 레몬즙 1큰술, 다진 피클·다진 양파 1/2큰술씩

1 키친타월로 대구살의 물기를 제거한 뒤 소금과 후춧가루를 뿌려 밑간을
   한다.
2 밀가루, 달걀물, 빵가루 순으로 옷을 입힌다.
3 오일에 노릇하게 튀긴 후 분량의 재료로 소스를 만들어 곁들인다.

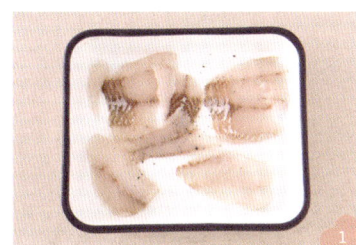

매생이떡국

재료 매생이 50g, 재첩 200g, 물 4컵, 떡국떡 100g, 소금 약간

1 매생이는 흐르는 물에 여러 번 흔들어 씻은 후 물기를 제거한다.
2 물에 재첩을 넣고 10분간 끓인 후 재첩을 건져낸다.
3 재첩으로 만든 육수에 매생이를 넣고 곱게 푼 후 떡국떡을 넣어 한소끔 끓
   인다.
4 소금으로 간을 한다.

Tip 매생이는 오래 끓이면 색과 향이 줄어든다.

날치알맛살무침

재료 오이 1개, 맛살 10개, 조미유부(유부초밥용) 5장, 날치알 5큰술
양념 식초 2큰술, 설탕, 참기름 1큰술씩, 소금·통깨 약간씩

1 조미유부는 물기를 짠다.

2 오이와 조미유부는 곱게 채 썰고 맛살도 5cm 길이로 썰어 곱게 찢는다.

3 오이, 맛살, 조미유부, 날치알에 양념을 넣어 가볍게 버무린다.

Tip 아침밥에 사용할 조미유부 14장을 따로 준비해둔다.

저장용기

날치알맛살무침
조미유부

+
밥

BREAKFAST
MENU

날치알유부초밥

재료 조미유부 14장, 밥 1공기, 날치알맛살무침 1/2컵, 배합초 2큰술, 후리가케 약간

1 따뜻한 밥에 날치알맛살무침, 후리
  가케, 배합초를 넣어 버무린다.
2 유부의 물기를 짠 후 1을 넣는다.

Tip 배합초와 후리가케는 유부초밥 패
  키지 안에 들어있는 것을 사용하면
  편리하다.

날치알비빔밥

재료 밥 1.5공기, 날치알 1/2컵, 오이 1/4개, 단무지 3cm 두께 1조각, 땅콩버터 1큰술, 참기름·김가루 약간

1 단무지는 다지고, 오이는 곱게 채 썬다.
2 뚝배기에 땅콩버터를 넣고, 밥, 단무지, 날치알 순으로 올린다.
3 약불에서 뚜껑을 닫고 5분간 가열한 후 김가루와 참기름을 얹어낸다.

Tip 냉동된 날치알은 해동하고, 체에 올려 흐르는 물에 가볍게 씻어 사용한다. 아침밥에 사용할 오이채 1/2컵과 날치알 3큰술, 다진 단무지 3큰술을 따로 준비해 둔다.

홍합탕

재료 홍합 3컵, 송송 썬 대파 2큰술, 국간장 1/2큰술, 다진 마늘·소금 약간씩

1 홍합을 깨끗하게 손질하여 홍합이 잠길 정도의 물에 넣는다.
2 대파와 다진 마늘을 넣고 국간장과 소금으로 간을 한다.

콩나물냉채

재료 콩나물 1봉지, 맛살 3개, 오이 1/2개
양념 매실청 3큰술, 식초 2큰술, 맛술 1큰술, 통깨·소금·참기름 약간씩

1 콩나물은 끓는 물에 삶아서 찬물에 헹군다. 맛살은 5cm 길이로 썰어 잘게 찢고 오이는 곱게 채 썬다.
2 손질한 콩나물, 맛살, 오이를 분량의 양념에 가볍게 무친다.

+
밥
김

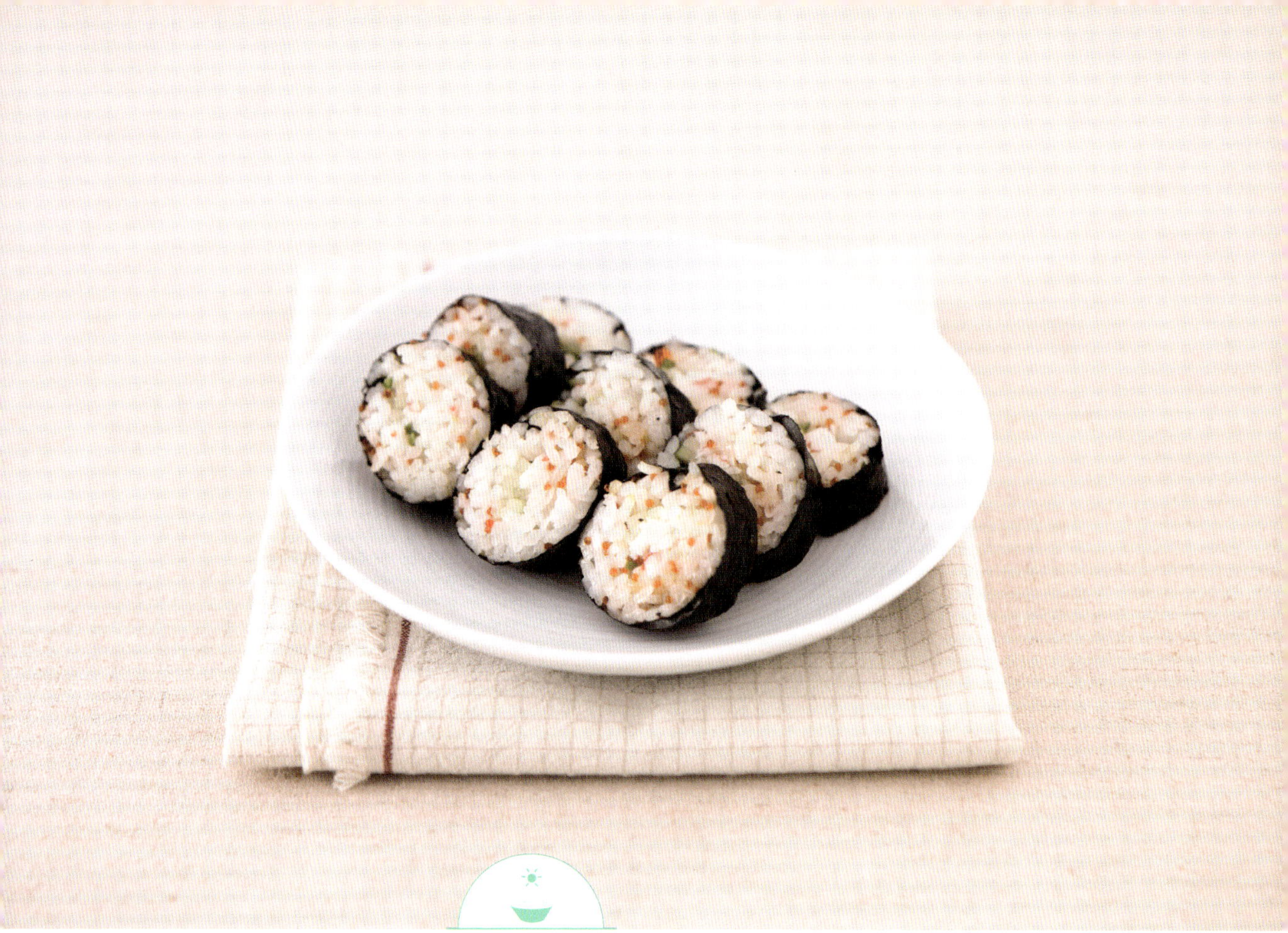

BREAKFAST MENU

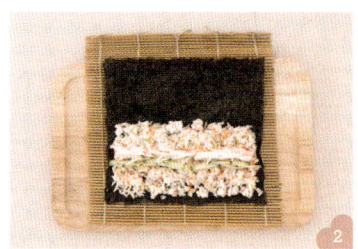

날치알김밥

재료 밥 1.5공기, 김 2장, 오이채 1/2컵, 날치알 · 다진 단무지 3큰술, 맛살 4개, 마요네즈 약간
밥 양념 참기름 1큰술, 소금 · 통깨 약간씩

1 맛살을 잘게 찢는다. 따뜻한 밥에 밥 양념, 날치알, 다진 단무지를 넣고 버무린다.
2 밥을 김의 절반 정도에 얇게 펴고 마요네즈, 오이채, 맛살 순서로 올려 돌돌 말아 1cm 두께로 썬다.

저녁 한 상
짜장밥
두부동그랑땡

+ 저장 +
두부동그랑땡

아침 한 그릇
미니 두부햄버거

짜장밥

재료 밥 2공기, 돼지고기 다짐육 1/2컵, 양파·감자 1/2개씩, 호박 1/3개,
　　짜장가루(시판용) 1/3컵, 오일 약간

1 양파, 감자, 호박은 같은 크기로 네모 썬다.
2 오일을 두른 팬에 돼지고기, 감자, 호박, 양파 순으로 넣어 볶는다.
3 물 2컵을 넣고 끓이다가 짜장가루를 넣어 걸쭉하게 끓인다.
4 따뜻한 밥 위에 얹어낸다.

두부동그랑땡

재료 두부 1모, 양파 1/2개, 당근 1/6개, 표고버섯 4개, 호박 1/4개, 달걀 2개, 오일·
　　소금 약간씩

1 두부는 칼등으로 으깨고, 양파, 당근, 표고버섯, 호박은 곱게 다진다.
2 두부, 양파, 당근, 표고버섯, 호박에 달걀을 넣어 섞은 후 소금으로 간을
　한다.
3 오일을 넉넉하게 두른 팬에 동그란 모양으로 노릇하게 굽는다.

+
모닝빵
상추
피클

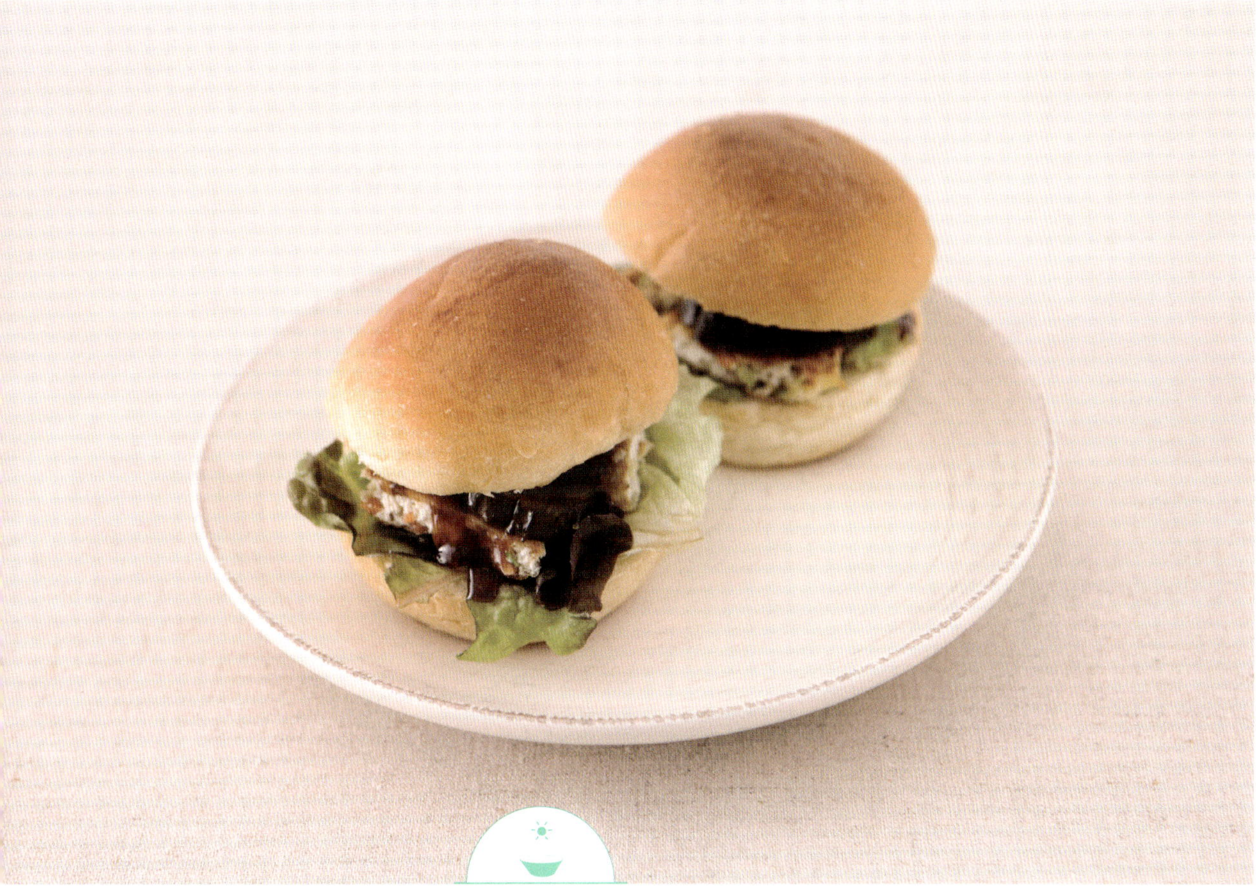

BREAKFAST MENU

미니 두부햄버거

재료 모닝빵 4개, 두부동그랑땡 4개, 상추 4장, 피클 8쪽, 마요네즈 · 스테이크소스(시판용) 약간씩

1 두부동그랑땡은 따뜻하게 데운다.

2 모닝빵은 반으로 갈라 단면에 마요네즈를 바른다.

3 빵 사이에 상추, 두부동그랑땡, 스테이크소스, 피클 순으로 넣는다.

3

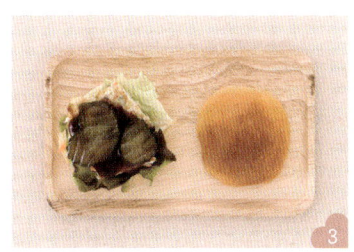

23

저녁 한 상
감자샐러드
떡갈비덮밥

+ 저장 +
감자샐러드

아침 한 그릇
포테이토샌드

감자샐러드

재료 감자(中) 3개, 슬라이스햄 5장, 마요네즈 5큰술, 소금·후춧가루·파슬리가루 약간씩

1 감자는 1cm 크기로 네모 썰고 슬라이스햄은 곱게 다진다.
2 감자는 끓는 물에 삶아 체에 밭쳐서 한김 식힌다.
3 감자와 슬라이스햄에 마요네즈, 소금, 후춧가루, 파슬리가루를 넣어 가볍게 버무린다.

떡갈비덮밥

재료 밥 2공기, 쇠고기 다짐육 150g, 돼지고기 다짐육 70g, 다진 양파 1컵,
다진 키위 1작은술, 빵가루 2큰술
떡갈비 양념 간장 1큰술, 설탕·참기름·맛술 1작은술씩
소스 간장·맛술 4큰술씩, 올리고당 2큰술, 물전분 1/2큰술, 물 1/2컵

1 쇠고기, 돼지고기에 다진 양파, 다진 키위, 떡갈비 양념을 넣고 버무린다.
2 빵가루로 농도를 맞춰 동그랗게 모양을 만든다.
3 오일을 두른 팬에 노릇하게 구운 후, 채 썬 양파를 넣는다. 여기에 물전분을 제외한 소스 재료를 넣어 한소끔 끓인다.
4 마지막으로 물전분을 넣어 농도를 내고 밥 위에 올려낸다.

감자샐러드

+

호밀식빵

BREAKFAST
MENU

포테이토샌드

재료 감자샐러드 1컵, 호밀식빵 4장, 마요네즈 약간

1 호밀식빵 위에 감자샐러드와 마요네즈를 올리고 호밀식빵을 덮는다.
2 가장자리를 자르고 3등분한다.

129

24

저녁 한 상
연근단호박조림
일본식 달걀찜
전복미역국

+ 저장 +
전복미역국

아침 한 그릇
미역죽

연근단호박조림

재료 연근 5cm 두께 1조각, 단호박(小) 1/6통, 올리고당 1큰술, 식초·참기름 약간씩
조림장 물 1.5컵, 맛술 2큰술, 간장 3큰술, 올리고당 1큰술

1 연근은 0.5cm 두께로 썰고 큰 것은 반달썰기 한 후 식초를 약간 넣은 물에 10분간 담가 놓는다. 단호박은 0.5cm 두께로 껍질째 썬다.

2 조림장에 연근을 넣고 끓인다.

3 국물이 반으로 줄면, 단호박을 넣고 국물이 자작하도록 색을 내며 조린다.

4 불을 끄고 올리고당과 참기름을 넣고 마무리한다.

Tip 이 레시피는 연근을 쫀득쫀득하게 조리는 것이 아니라 아삭아삭하게 조리는 방법이다. 단시간에 맛과 색을 내야 하므로, 연근과 단호박의 사이즈를 얇고 크지 않게 써는 것이 좋다. 불을 끄고 마지막에 올리고당을 다시 넣어야 윤기 있는 조림을 만들 수 있다.

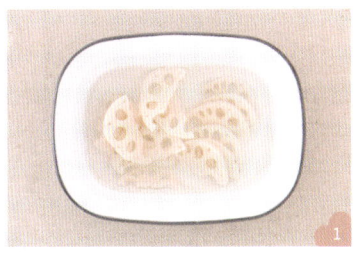

일본식 달걀찜

재료 달걀 2개, 다시마물 1/2컵, 맛술 1큰술, 칵테일 새우·영양부추·소금 약간씩

1 달걀을 풀고 다시마물, 맛술, 소금을 넣어 섞는다.

2 체에 내린 후 그릇에 넣는다.

3 비닐 랩을 덮은 후 중탕으로 끓이다. 끓기 시작하면 약불로 줄인다.

4 표면이 단단해지기 전에 칵테일 새우를 올려 익힌 후 불을 끄고 3cm 길이로 자른 영양부추를 올린다.

Tip 냄비에 그릇의 3cm 정도 되도록 물을 붓고 중탕한다.

전복미역국

재료 불린 미역 1컵, 전복 3개, 물 4컵, 국간장 2작은술, 참기름·소금 약간씩

1 손질한 전복은 얇게 편으로 썬다.

2 참기름을 두른 냄비에 전복을 볶다가 익기 시작하면 미역을 넣어 볶는다.

3 물을 넣어 끓인 후 국간장과 소금으로 간을 한다.

저장용기

+

밥

BREAKFAST
MENU

미역죽

재료 밥 1/2컵, 물 1/2컵, 전복미역국 1컵, 참기름·통깨 약간씩

1 밥과 물을 넣어 믹서로 가볍게 간다.

2 전복미역국과 1을 섞어 끓이다가 참기름과 통깨를 넣는다.

25

저녁 한 상
가지카레라이스
두부조림
애호박나물

+ 저장 +
애호박나물

아침 한 그릇
애호박주먹밥

가지카레라이스

재료 밥 2공기, 가지 1개, 감자 1개, 양파 1/2개, 당근 1/3개, 호박 1/3개,
카레가루 1/3컵, 오일 약간

1 가지는 칼집을 낸 후 한입 크기로 썬다.
2 감자, 당근, 호박, 양파는 2cm 크기로 정사각형 모양으로 썬다.
3 오일을 두른 팬에 감자, 당근, 호박, 양파, 가지 순으로 볶는다.
4 물 2컵과 카레가루를 넣어 끓인 후 밥 위에 올려낸다.

두부조림

재료 두부 1모, 양파 1개
양념 간장·물 2큰술씩, 맛술 1큰술, 설탕·물엿 1/2큰술씩, 통깨·고춧가루·
다진 마늘 1작은술씩

1 두부는 사방 4cm, 두께 1cm로 잘라
오일을 두른 팬에 노릇하게 굽는다.
2 양파를 채 썬다. 냄비에 양파를 깔
고 두부를 올린 후 양념을 섞어 끼
얹는다.
3 뚜껑을 닫고 약불에서 조린다.

Tip 두부를 굽지 않고 그대로 조려도 좋다.

애호박나물

재료 애호박 1개, 들기름 2큰술, 송송 썬 실파 2큰술, 소금·검은깨 약간씩

1 애호박은 채 썬다.
2 들기름을 두른 팬에 애호박을 부드럽게 볶은 후 실파, 검은깨, 소금으로
간을 한다.

Tip 그냥 오일에 볶아도 좋지만 들기름에 볶으면 훨씬 구수한 맛이 난다.

+

현미밥

BREAKFAST
MENU

애호박주먹밥

재료 현미밥 1공기, 애호박나물 1/2컵, 후리가케 2큰술, 참기름 1큰술, 김·소금·
통깨 약간씩

1 따뜻한 현미밥에 애호박나물, 후
리가케, 통깨, 참기름, 소금을 넣
어 버무린다.
2 동그랗게 모양을 만든 후 얇게 자
른 김으로 띠를 두른다.

조개당근밥

재료 쌀 1.5컵, 바지락살 100g, 당근 1/4개, 들기름·맛술 1큰술씩, 양념간장 약간

1 쌀은 30분간 물에 담가 충분히 불린 후 물기를 뺀다.
2 당근은 필러로 얇게 깎는다.
3 뚝배기에 들기름을 두르고 불린 쌀을 볶다 쌀이 투명해지면, 바지락과 당근을 올린다.
4 맛술을 뿌리고 재료 높이까지 물을 부어 강불에서 끓인다.
5 끓어오르면 뚜껑을 닫고 약불에서 10분간 끓인 후 불을 끄고 5분간 뜸을 들인다. 양념간장을 곁들여 낸다.

연근새우전

재료 연근 10cm 두께 1조각, 새우살 2컵, 영양부추 1줌, 밀가루 3큰술, 오일·소금 약간씩

1 연근은 껍질을 벗겨 강판에 곱게 간다. 새우살은 칼로 곱게 다지고, 부추는 1cm 길이로 썬다.
2 새우살, 연근, 부추, 밀가루에 물을 약간 넣어 섞은 후 소금으로 간을 한다.
3 오일을 넉넉하게 두른 팬에 동그란 모양으로 부친다.

+
김가루

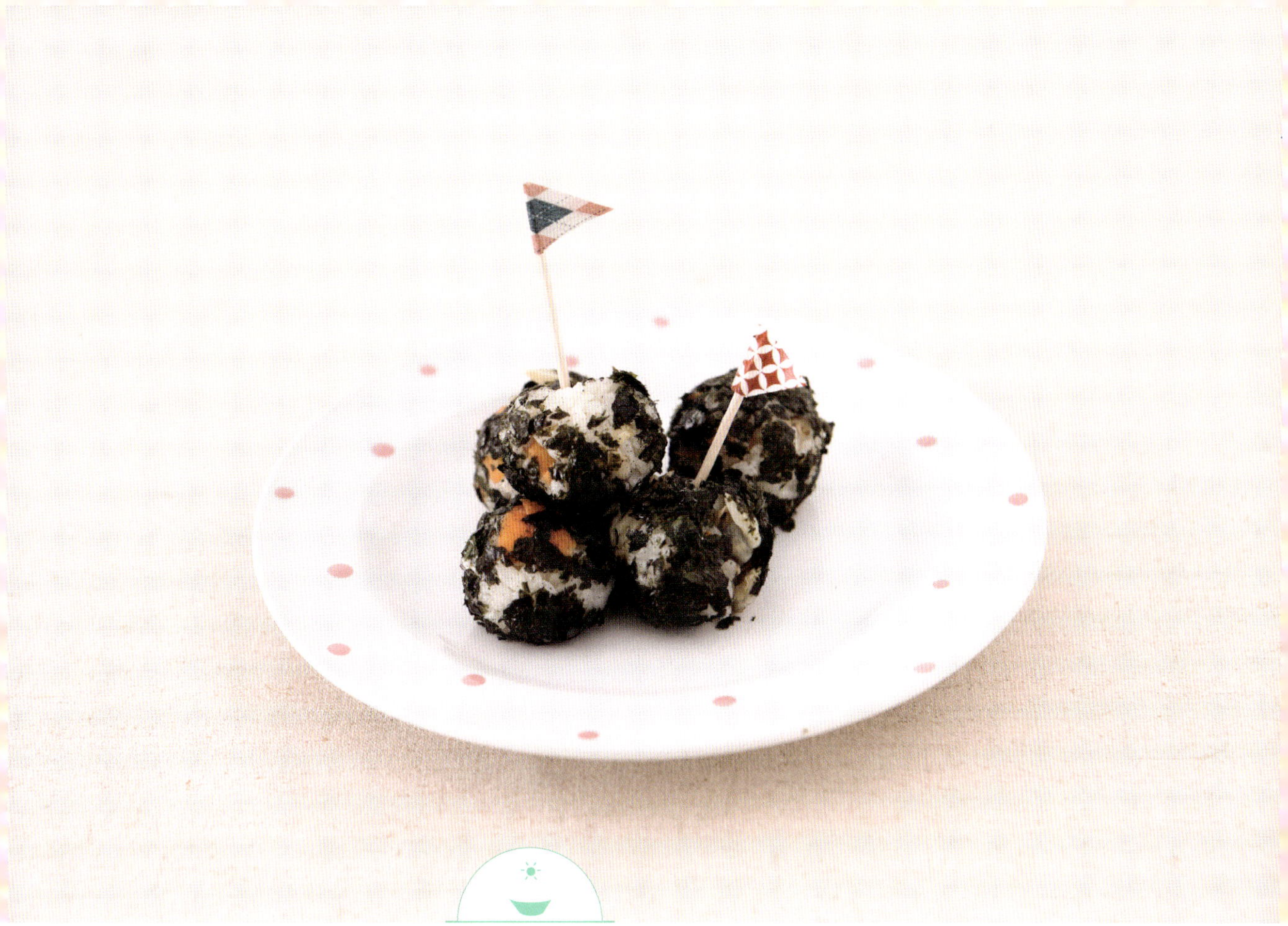

BREAKFAST MENU

못난이주먹밥

재료 조개당근밥 1.5공기, 참기름 1큰술, 김가루 1컵, 양념간장 약간

1 조개당근밥은 따뜻하게 데워 참기름과 양념간장을 넣어 버무린다.

2 동그란 모양을 만든 뒤 김가루에 묻힌다.

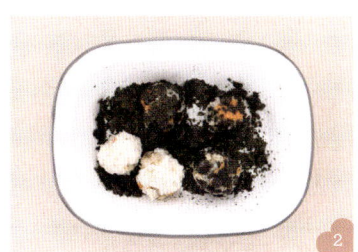

WEEKEND
NOODLE

+ ═══════════════ 주말 점심에는 이상스럽게도 면 요리가 당긴다. ═══════════════ +

어른만 그런 것이 아니라, 아이들도 으레 국수를 만들어 달라고 한다.

자연스럽게 손이 가는 라면이 아니라, 엄마의 정성이 깃든 국수 메뉴들을 소개한다.

Part 2.

주말 점심,
아이 국수

아이 국수 01

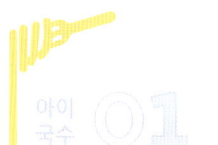

채소와 고기 등을 간장 양념에 비벼먹는 요리에요.
취향에 따라 다양한 채소를 응용하세요.

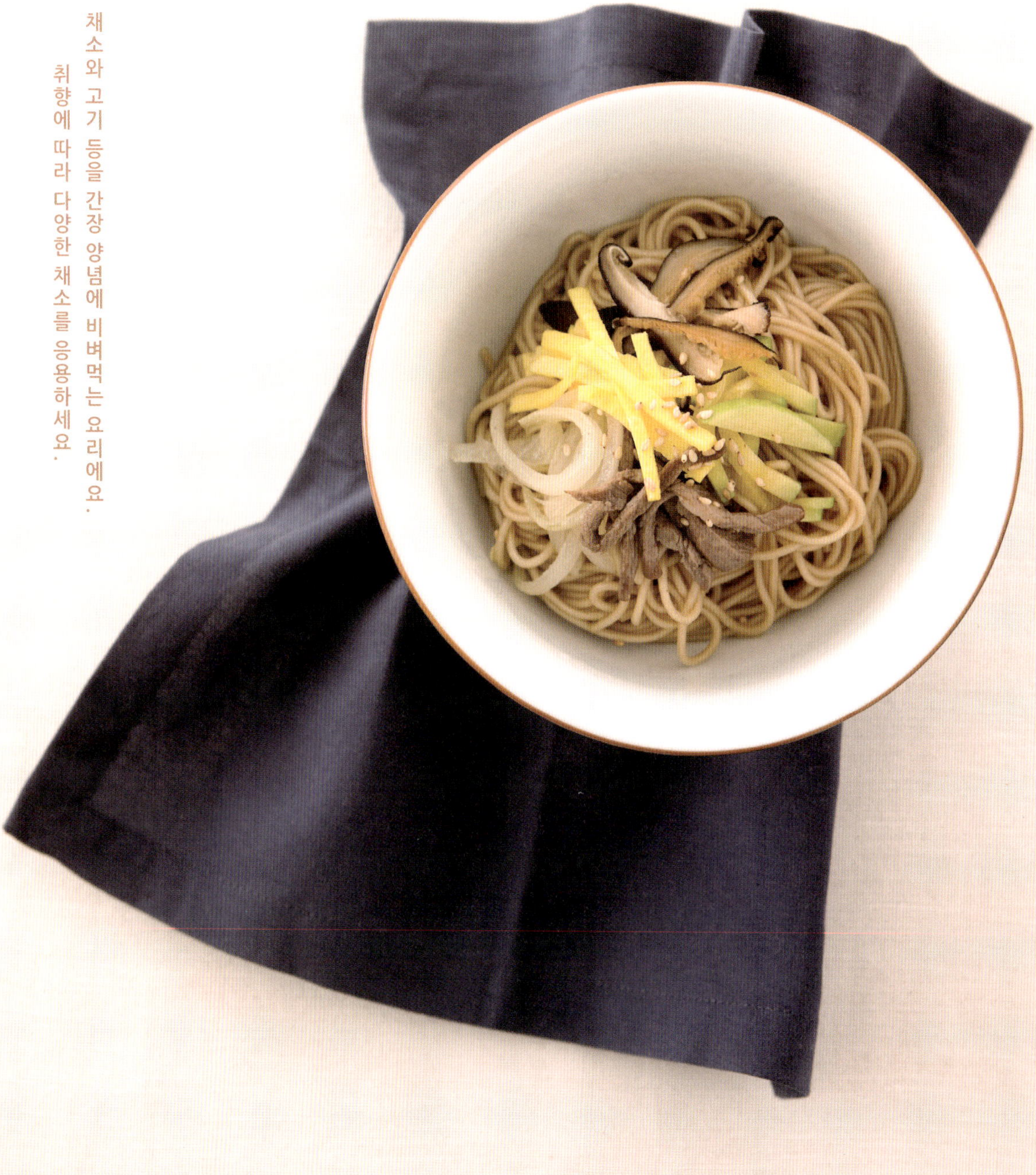

간장비빔소면

재료 소면 2인분, 쇠고기 50g, 표고버섯 2개, 양파·애호박 1/4개씩, 달걀지단 약간, 소금·
오일 약간씩
쇠고기 양념 간장·설탕 1작은술씩, 다진 마늘·다진 파·후춧가루 약간씩
양념 간장 3큰술, 참기름·설탕 1큰술씩, 통깨 1작은술

표고버섯, 양파, 애호박, 쇠고기를 채 썬다. 쇠고기는 쇠고기 양념에 버무린다.

1을 오일을 두른 팬에 소금 간하여 각각 볶는다.

소면은 삶아 찬물에 헹군 후 분량의 양념을 넣어 버무린다.

2를 소면 위에 올린다.

간단 콩국수

재료 소면 2인분, 우유 1.5컵, 두부 1/4모, 방울토마토 2개, 오이채·땅콩·소금 약간씩

1. 믹서에 두부와 우유를 넣어 간 후 소금으로 간하여 차게 둔다.
2. 땅콩은 굵직하게 다지고, 소면은 삶아 준비한다.
3. 면 위에 오이채, 방울토마토, 다진 땅콩을 올린 후 1을 붓는다.

Tip 우유 대신 두유를 넣어도 된다.

1

3

한여름에 먹는 시원하고 고소한 맛.
우유와 두부로 직접 만드니 그야말로 안심 별미죠.

아이 국수 03

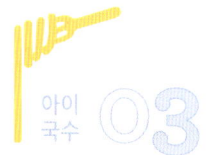

시간이 없을 때는 닭 한 마리 대신
캔이나 팩 제품을 이용할 수 있어요.

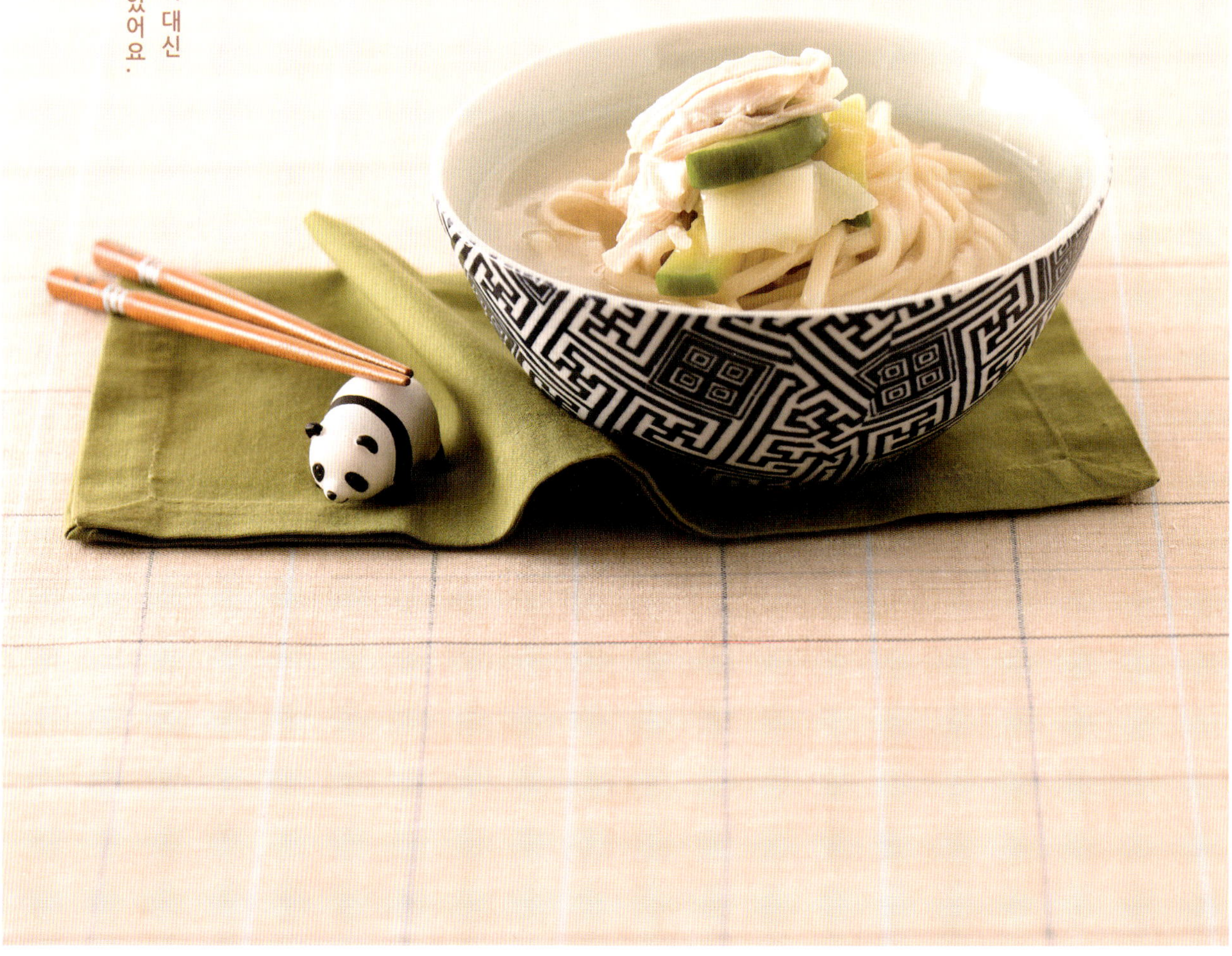

닭 칼 국 수

재료 칼국수 2인분, 닭 1/2마리, 감자 1/2개, 호박 1/4개, 대파 1대, 양파 1/2개, 다진 마늘 1작은술,
국간장 2작은술, 소금·후춧가루 약간씩

감자, 호박을 반달 썰기하고, 대파와 양파는 적당한 크기로 듬성듬성 자른다.

닭이 잠길 정도의 물을 붓고 양파와 대파를 넣어 끓인 후 닭이 익으면 꺼내 잘게
찢는다.

2의 국물 4컵에 감자와 호박을 넣어 끓인다.

칼국수를 넣고, 다진 마늘, 국간장, 후춧가루, 소금으로 간을 한 후 찢은 닭고기 살
을 넣는다.

아이 국수 04

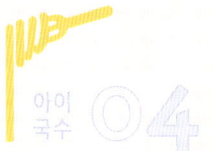

소박하지만 깔끔하고 담백한 면 요리입니다.
좋아하는 고명을 다양하게 얹어 드세요.

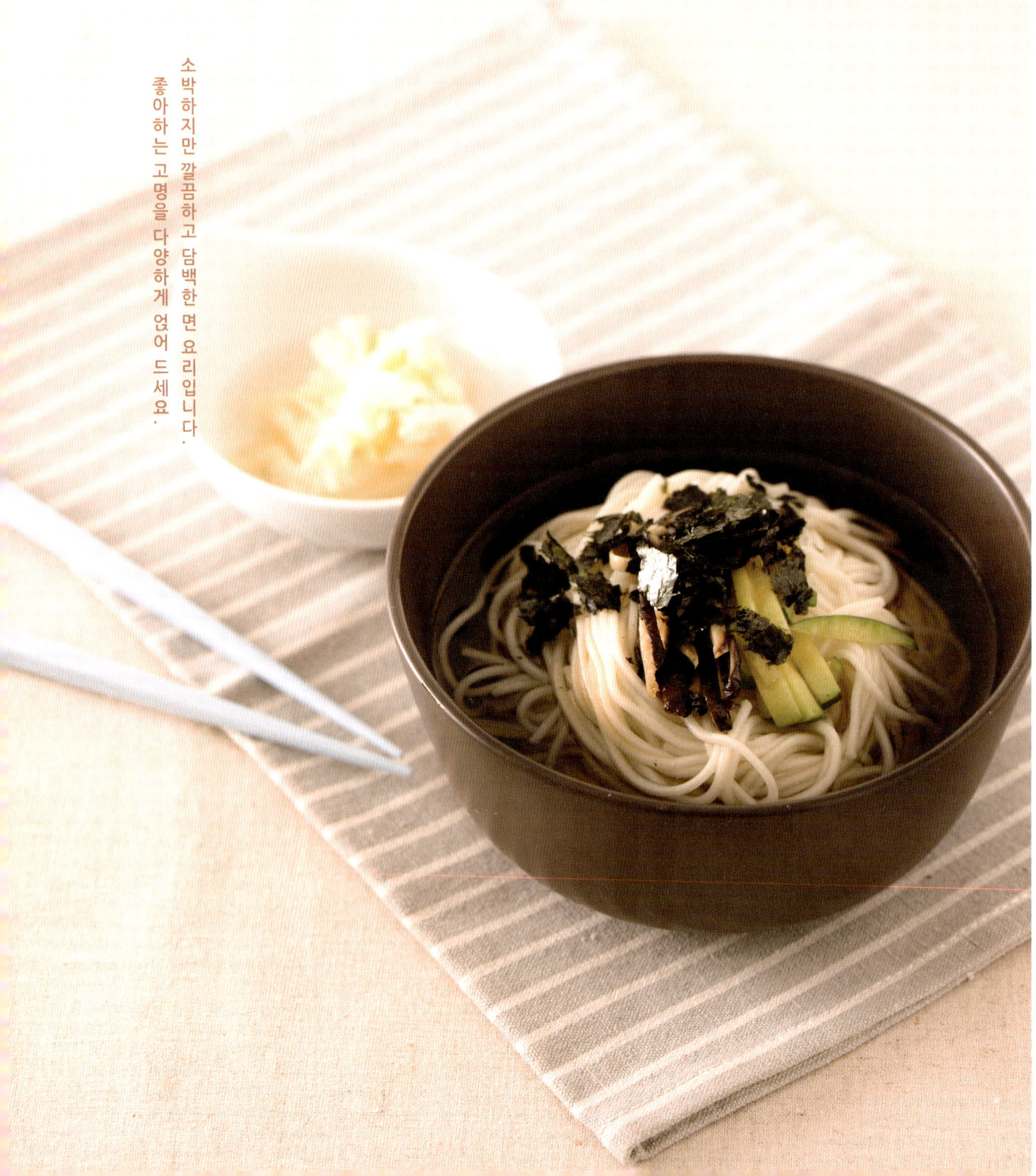

잔치국수

재료 소면 2인분, 물 4컵, 호박 1/4개, 표고버섯 2개, 김가루 1줌, 멸치(다시용) 1/2줌,
다시마 사방 5cm 1장, 다진 마늘 1작은술, 국간장 1큰술, 오일·소금 약간씩

표고버섯과 호박은 굵게 채 썰어 소금으로 약하게 간하여, 오일을 두른 팬에 각
각 볶는다.

물에 멸치, 다시마를 넣어 10분간 끓인 후 멸치와 다시마를 건져낸다.

다진 마늘, 국간장, 소금을 넣어 간을 한다.

소면은 삶아 준비한 후 국물을 붓고 표고버섯, 호박, 김가루를 올려낸다.

마카로니그라탕

재료 마카로니 2줌, 양송이버섯 3개, 콘옥수수 3큰술, 양파 1/4개, 브로콜리 1/2줌, 우유 1컵,
생크림 1/2컵, 모차렐라치즈 1/2컵, 파마산치즈가루 1큰술, 소금·후춧가루·오일·
파슬리가루 약간씩

☆ 마카로니는 삶아서 준비하고, 양파는 채 썰기, 양송이버섯은 편 썰기를 한다. 브
로콜리는 송이송이 떼어 놓는다.

☆ 오일을 두른 팬에 양파를 넣고 볶다 마카로니, 브로콜리, 양송이버섯을 넣는다.

☆ 우유와 생크림을 넣고 한소끔 끓인 후 소금과 후춧가루로 간한다.

☆ 국물이 자작해지면 콘옥수수를 넣어 섞은 후 그릇에 담고 모차렐라치즈를 듬뿍 올
린 다음 파슬리가루를 뿌린다.

☆ 180℃의 오븐에서 10분~15분 정도 치즈가 녹을 때까지 굽는다.

Tip 오븐이 없다면 전자레인지를 이용하여 치즈를 녹여도 된다.

아이들은 마카로니를 참 좋아하죠.
직접 만든 채소피클을 함께 내면 더 좋아요.

어? 이것들로는 무엇을 만들 수 있을까요?

아이 국수 06

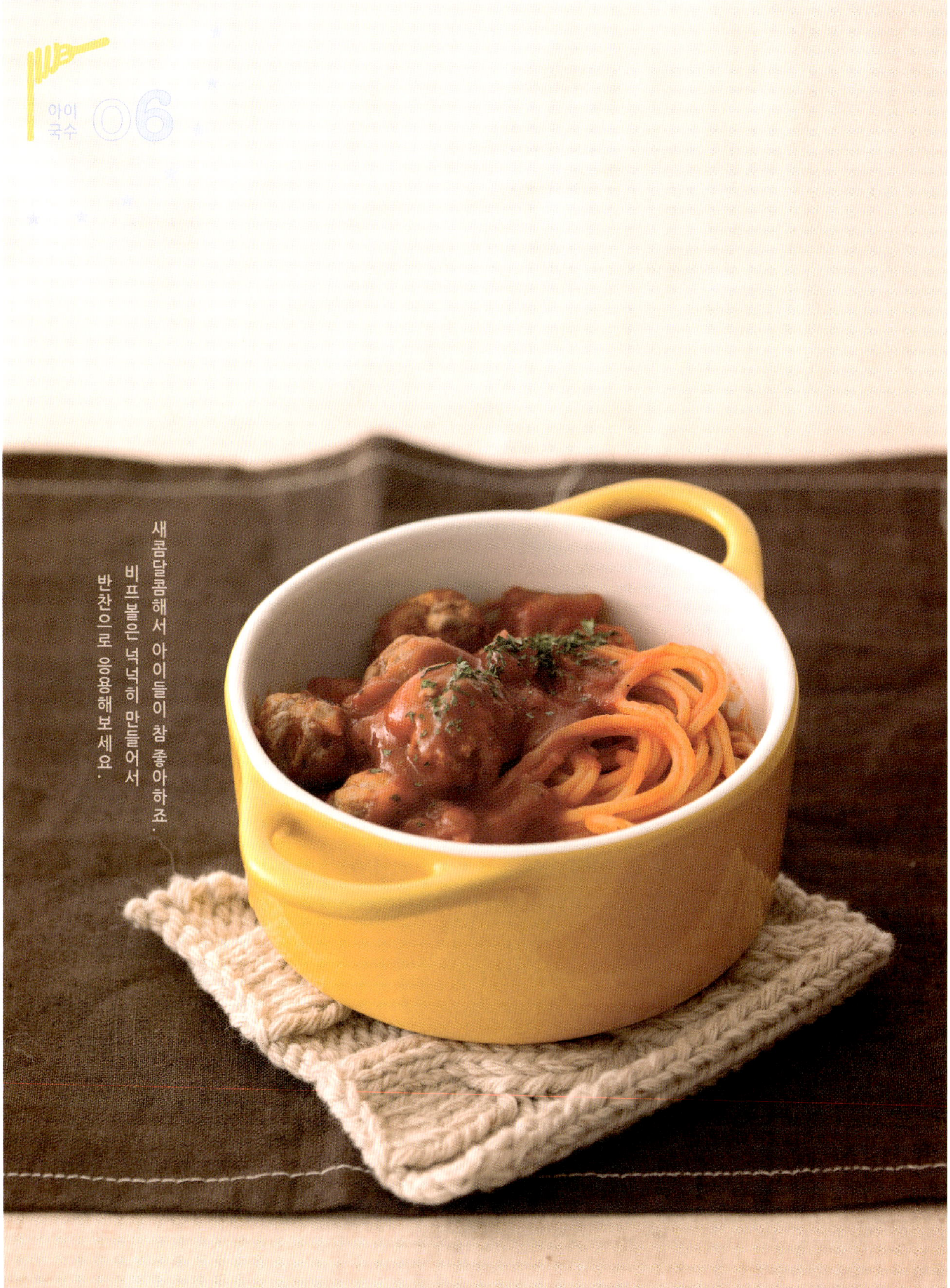

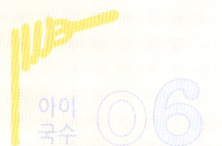

새콤달콤해서 아이들이 참 좋아하죠.
비프볼은 넉넉히 만들어서
반찬으로 응용해보세요.

비프볼스파게티

재료 스파게티 2인분, 토마토소스(시판용) 2컵, 파마산치즈가루 2큰술, 파슬리가루 · 오일 약간
비프볼 쇠고기 다짐육 100g, 다진 양파 3큰술, 빵가루 · 소금 · 후춧가루 약간씩

스파게티를 8분간 삶아 준비한다.

분량의 비프볼을 볼에 넣어 치댄 후 지름 2cm 크기로 동그랗게 빚는다.

오일을 두른 팬에 비프볼을 넣어 굴리면서 굽는다.

3에 토마토소스를 넣어 한소끔 끓인 후, 스파게티를 넣어 볶다 파슬리가루와 파마산치즈가루를 뿌린다.

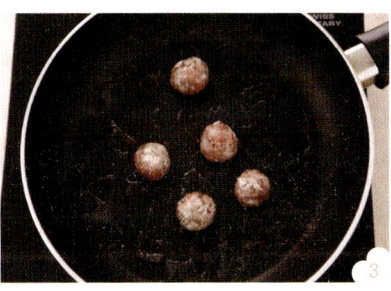

외식하고 싶은 날,
집에서 간단히 만들어 먹기 좋은
고소한 크림 파스타에요.

두유파스타

재료 푸실리 2줌, 두유 1컵, 생크림 1/2컵, 베이컨 2장, 백만송이버섯 1줌, 다진 마늘·
다진 양파 1/2큰술씩, 파마산치즈가루·소금·후춧가루·오일 약간씩

푸실리는 10분간 삶아 준비하고, 베이컨은 도톰하게 채 썬다. 백만송이버섯은
송이송이 떼어낸다.

오일을 두른 팬에 다진 마늘, 다진 양파를 볶다 백만송이버섯과 베이컨을 넣고
볶는다.

두유와 생크림을 넣고 한소끔 끓인다.

푸실리를 넣고 볶은 후 파마산치즈가루, 소금, 후춧가루로 간한다.

Tip 푸실리 대신 스파게티, 펜네 등을 활용해도 좋다.

조개 수제비 볶음

재료 모시조개 200g, 수제비(시판용) 200g, 양파 1/2개, 호박 1/4개, 당근 약간, 참기름·
가츠오부시·오일 약간씩
양념 간장 2큰술, 굴소스 2작은술, 올리고당 1큰술, 통깨 약간

⭐

⭐ 수제비는 삶아서 준비한다.

② 양파, 호박, 당근은 채 썬다.

③ 오일을 두른 팬에 모시조개를 볶은 후 조개껍데기가 열리면, 2를 넣어 볶는다.

④ 수제비와 양념을 넣어 재빨리 볶은 후 참기름과 가츠오부시를 뿌려낸다.

특별한 뭔가가 먹고 싶은 날에는
감칠맛 나는 수제비 볶음을
만들어 보세요.

아이와 함께 어묵꼬치를 만들어 보면 어떨까요.
직접 만드니까 아이가 더 좋아한답니다.

어묵우동

재료 우동 2인분, 물 4컵, 어묵 100g, 송송 썬 대파 2큰술, 가츠오부시 1줌, 멸치(다시용) 1/2줌, 다시마 사방 5cm 1장, 다진 마늘 1작은술, 국간장 2작은술, 소금 약간

 어묵을 알맞은 크기로 잘라 꼬치에 꽂는다.

물에 멸치와 다시마를 넣어 10분간 끓이다 멸치와 다시마를 건져내고, 가츠오부시를 넣고 불을 끈다.

10분 후 체에 거른 후 어묵꼬치를 넣어 5분간 끓인다.

국간장, 다진 마늘을 넣어 간을 한 후 우동을 넣어 끓이다 대파를 넣는다.

아이
국수 10

한국식으로 변형한 쌀국수죠.

아이 입맛에 따라 다양한 채소를 곁들여 드세요.

불
고
기
쌀
국
수

재료 쌀국수 2인분, 쇠고기(불고기감) 100g, 치커리 3장 , 소금 · 후춧가루 약간씩
소스 간장 2큰술, 식초 · 오일 1큰술씩, 올리고당 · 레몬즙 1/2큰술씩, 통깨 약간

 치커리를 한입 크기로 자르고 분량의 소스를 섞는다.

쇠고기는 소금, 후춧가루로 간하여 부드럽게 볶고 쌀국수는 삶아 준비한다.

쌀국수에 불고기, 치커리, 소스를 넣어 버무린다.

여기저기 활용하기 좋은
가츠오부시 육수.
육수 만드는 날의 별미로 즐겨보세요.

냉모밀

재료 메밀면 2인분, 김 · 송송 썬 대파 약간씩, 오이 1/4개, 새우 4마리
육수 다시마 사방 5cm 1장, 가츠오부시 1컵(5g), 물 2.5컵
장국 양념 간장 4큰술, 맛술 4큰술, 황설탕 1큰술

먼저 육수 재료를 준비한다. 물에 다시마를 넣고 끓이다. 끓기 시작하면 다시마를 건져낸다. 가츠오부시를 넣고 뚜껑을 덮어 1시간 이상 둔 후 체에 걸러내면 육수 완성.

준비한 육수 2컵에 분량의 장국 양념 재료를 섞어 차게 만들면 장국 완성.

오이와 김은 채 썰고 새우는 데치고 메밀면은 삶아 준비한다.

메밀면 위에 새우, 대파, 오이, 김을 올린 후 2의 장국을 부어낸다.

깨소스우동

재료 우동 2인분, 칵테일새우 1컵, 오이 1개, 방울토마토 2개
소스 땅콩버터 1.5큰술, 미소(일본된장) · 맛술 1/2큰술씩, 츠유 · 통깨 · 설탕 1작은술씩, 식초 ·
다시마물 2큰술씩

⭐

⭐1 오이는 어슷썰기, 방울토마토는 2등분 썰기, 새우는 데친다.

⭐2 분량의 소스는 섞고, 우동은 삶아서 준비한다.

⭐3 우동 위에 새우, 오이, 방울토마토를 올리고, 소스를 얹는다.

Tip 츠유가 없으면 간장으로 대체한다.

자극 없이 고소한 맛의 우동이에요.
아이 입맛에도 익숙해서 맛있게 먹어요.

HOMEMADE
SNACK

오후 3시쯤, 아이는 어슬렁어슬렁 부엌을 맴돈다.
입이 심심해서인지 과자를 찾는 것 같다.
어른도 입이 심심한데, 자라나는 아이들이 뭔가 자꾸 먹고 싶어하는 것은 당연한 이치.
어렵고 멋드러진 간식이 아니라, 소박하고 엄마를 추억하게 해주는 간식을 소개한다.

오후 3시,
아이 간식

든든한 간식을 준비해주고 싶은 날,
아이와 함께 동글동글한 경단을 빚어 보세요.

삼색경단

재료 찹쌀가루 3컵, 멥쌀가루 1컵, 설탕 6큰술, 크랜베리 3큰술, 쑥가루 2큰술, 꿀·소금 약간씩

◆ 찹쌀가루 1컵, 멥쌀가루 1/3컵, 설탕 2큰술, 소금에 미지근한 물을 넣어 반죽을 한 후 다진 크랜베리를 넣어 동그란 모양을 만든다.

◆ 찹쌀가루 1컵, 멥쌀가루 1/3컵, 설탕 2큰술, 소금, 쑥가루에 미지근한 물을 넣어 반죽을 한 후 동그란 모양을 만든다.

◆ 찹쌀가루 1컵, 멥쌀가루 1/3컵, 설탕 2큰술, 소금에 미지근한 물을 넣어 반죽을 한 후 동그란 모양을 만든다. 세 가지 색깔의 경단 완성.

◆ 끓는 물에 삼색경단을 넣어 삶은 후, 꼬치에 꽂고 꿀을 뿌린다.

물
고
기
떡

재료 찹쌀가루 1/2컵, 멥쌀가루 1컵, 설탕 3큰술, 단팥(시판용) 1/2컵, 소금 약간

1 찹쌀가루, 멥쌀가루, 설탕, 소금에 물을 넣어 한 덩어리가 되도록 반죽한다.

2 8cm 지름이 되도록 동그란 모양으로 민다.

3 마른 팬에 앞뒤로 굽는다.

4 단팥을 올린 후 반으로 접고, 물고기 모양이 되도록 장식한다.

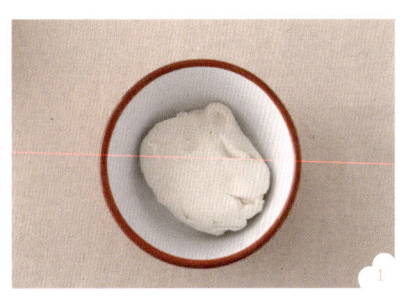

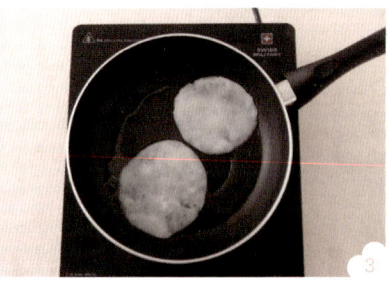

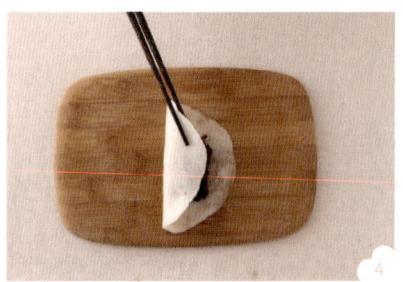

평범한 단팥 지짐이의
놀라운 변신이죠.
기발한 아이디어로
예쁜 물고기를 만들어보세요.

아이가 좋아하는 과일을 이용해서
다양한 맛의 시원한 디저트를
만들 수 있어요.

후
르
츠
바

재료 블루베리(또는 키위, 망고, 딸기 등 과일) 1컵, 바닐라아이스크림 3스쿱, 우유 1/3컵

믹서기에 블루베리(또는 준비한 각각의 과일), 바닐라아이스크림, 우유를 넣어 간다.

실리콘 컵에 1을 알맞게 나눠 담고 막대기를 꽂는다.

냉동실에서 2시간 이상 얼린 후 실리콘 컵을 벗겨낸다.

홈베이킹에 서툴러도 쉽게 만들 수 있는 빵이에요.
고소한 카레향이 군침 도네요.

완두콩 카레 빵

재료 박력분 200g, 달걀 2개, 카레가루 2큰술, 설탕 2큰술, 베이킹파우더 2작은술, 우유 1컵,
소금 약간, 완두콩 3큰술, 다진 양파 6큰술

◈ 볼에 체친 박력분, 달걀, 카레가루, 설탕, 베이킹파우더, 우유, 소금을 넣어 섞
는다.

◈ 다진 양파와 완두콩 2큰술을 넣는다.

◈ 실리콘 컵에 2/3분량만 넣고 완두콩을 다시 올려 180℃의 오븐에서 25~30분간 굽
는다.

모
둠
꼬
치

재료 떡볶이떡 100g, 방울토마토 10개, 삶은 메추리알 10개, 비엔나소시지 10개, 가츠오부시·
다진 실파 약간씩
양념 간장·올리고당 3큰술씩, 굴소스 2큰술

1 꼬치에 떡볶이떡, 방울토마토, 메추리알, 비엔나소시지를 꽂는다.

2 분량의 양념을 섞는다.

3 오일을 두른 팬에 1을 굽다가 솔로 양념을 발라가며 굽는다.

4 갈색으로 구워지면 가츠오부시와 다진 실파를 뿌린다.

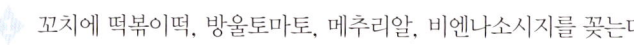

1

3

다양한 채소나 과일을 이용해서 응용할 수 있어요.
아이와 함께 입맛에 맞는 꼬치를 만들어 보세요.

어린 시절에 먹었던 길거리 핫도그 대신
엄마표 수제 핫도그를 만들어 주세요.

미
니

핫
도
그

재료 비엔나소시지 20개, 핫케이크가루 1컵, 우유 1/2컵, 빵가루 2컵, 오일 2컵, 케첩 약간

 비엔나소시지를 길이 방향으로 꼬치에 꽂는다.

핫케이크가루에 우유를 넣어 되직하게 반죽을 한다.

반죽에 비엔나소시지를 담아 옷을 입힌 후 빵가루를 묻힌다.

달궈진 오일에 3을 넣어 노릇하게 튀긴 후 케첩을 뿌린다.

명절에 남은 떡을 프라이팬에 노릇하게 지져 먹으면
그 맛이 일품이죠.

인절미구이

재료 인절미 300g, 바나나·딸기·크랜베리 약간씩, 오일·메이플시럽·슈가파우더 약간씩

◇ 오일을 두른 팬에 인절미를 올려 뒤집개로 눌러가며 바삭하게 굽는다.

◇ 바나나와 딸기는 얇게 잘라 준비한다.

◇ 구운 인절미 위에 바나나, 딸기, 크랜베리를 올리고 메이플시럽과 슈가파우더를 뿌린다.

Tip 키위나 블루베리 등 냉장고에 있는 과일을 적당히 활용하면 된다.

슬러시

재료 냉동 딸기(또는 냉동 키위) 1/2컵, 오렌지주스 1컵, 바나나 1/2개, 얼음 1/2컵

1. 믹서기에 듬성듬성 자른 바나나, 냉동 딸기, 얼음을 넣는다.
2. 오렌지주스를 넣고 간다.

Tip 냉동 과일을 사용해야 슬러시의 느낌이 난다.

집에서 손쉽게 만드는 슬러시에요.
신나게 뛰어논 주말 오후 간식으로 그만이죠.

달콤해서 아이들이 참 좋아하는 간식입니다.
아이가 입맛 없어 할 때 활용해보세요.

고
구
마
맛
탕

재료 고구마 2개, 설탕 1/2컵, 물 1/2컵, 오일 1컵, 검은깨 약간

○ 고구마는 껍질째 한입 크기로 듬성듬성 잘라 물에 10분간 담가둔다.

○ 물기를 키친타월로 닦은 후 오일에 넣어 노릇하게 튀긴다.

○ 팬에 설탕과 물을 넣어 약불로 끓인 후, 튀긴 고구마를 넣어 가볍게 버무린다.

○ 검은깨를 뿌린다.

호두강정

재료 호두 300g, 설탕·물 1/2컵씩, 오일 1컵, 설탕 약간

1. 호두는 따뜻한 물에 10분간 담근 후 물기를 제거한다.

2. 설탕과 물을 끓여 시럽을 만든 후, 데친 호두를 넣고 국물 없이 조린다.

3. 쟁반 위에 넓게 펼쳐 10분 정도 굳힌다.

4. 달군 오일에 넣어 연한 갈색이 될 때까지 튀긴다.

5. 한김 나간 후, 설탕을 뿌려 가볍게 버무린다.

Tip 튀긴 호두가 뜨거울 때 설탕을 뿌리면 모두 녹아버리고, 완전히 식은 후에 뿌리면 설탕이 묻혀지지 않는다.

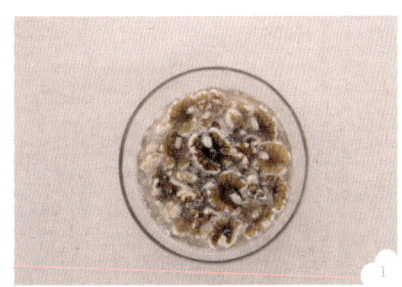

견과류는 두뇌 발달에 참 좋은 음식이죠.
주말에 미리 만들어 평일 간식으로 챙기기 좋아요.

유달리 출출한 오후 간식.
늦은 점심이나 이른 저녁의
든든한 한끼 식사로도 손색이 없어요.

치킨 팝콘

재료 닭다리살 300g, 달걀물 1개분, 밀가루 1/2컵, 빵가루 2컵, 파마산치즈가루 3큰술, 오일 1컵, 파슬리가루 1큰술, 소금·후춧가루·맛술 약간씩

닭고기는 사방 2cm 크기로 자른 뒤 소금, 후춧가루, 맛술을 뿌려 밑간을 한다.

빵가루, 밀가루 1/3컵, 파마산치즈가루, 파슬리가루를 섞어 튀김옷을 만든다.

닭고기를 밀가루, 달걀물, 2 순으로 옷을 입힌다.

오일에 바삭하게 튀긴다.

Tip 비닐에 밀가루와 닭고기를 넣어 가볍게 흔들면 밀가루를 쉽게 묻힐 수 있다.

아이
간식 **12**

견과류피자

재료 또띠아 4장, 견과류 1줌, 모차렐라치즈 1컵, 파슬리가루·꿀 약간씩
화이트소스 버터·밀가루 1큰술씩, 우유·생크림 1/2컵씩, 파마산치즈가루 2큰술, 소금 약간

1. 버터와 밀가루를 약불에 볶다가 우유와 생크림을 넣어 끓여 농도를 낸다.

2. 어느 정도 걸쭉해지면 파마산치즈가루와 소금을 넣어 간을 한다.

3. 또띠아 위에 2와 모차렐라치즈 약간을 올리고 또띠아를 올려 겹친다.

4. 3 위에 화이트소스, 견과류, 모차렐라치즈, 파슬리가루를 듬뿍 올린다.

5. 180℃의 온도에서 10분간 굽고 꿀을 곁들여낸다.

Tip 또띠아가 얇아 2장을 겹쳤지만, 1장으로 만들어도 좋다.

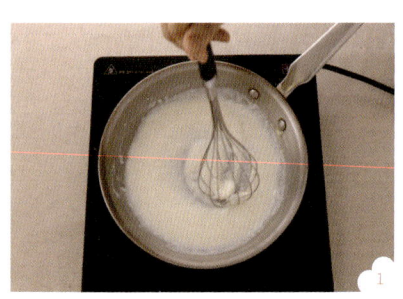

비싼 재료를 따로 준비하지 않아도

충분히 쉽고 빠르게 만들 수 있는

담백한 피자예요

미리 준비해 놓고 전자레인지에 데우기만 하면,
바쁜 아침의 맛있는 아침으로도 그만이에요.

새
우
식
빵

재료 식빵 4장, 새우살 1/2컵, 달걀 흰자 1/3개분, 다진 양파·다진 실파 3큰술씩, 파마산치즈가루·
후춧가루 약간씩, 오일 1컵

새우살을 곱게 다져, 파마산치즈가루, 달걀 흰자, 실파, 양파, 후춧가루와 함께
섞는다.

식빵은 세모 모양으로 등분하여 가장자리를 제외한 부분을 밀대로 얇게 민다.

식빵 위에 1을 올려 얇게 편 후, 달군 오일에 노릇하게 튀긴다.

Tip 오일에 넣을 때 새우를 얹은 부분이 아래를 향하도록 넣어 튀겨야 식빵과 새우가 분
리되지 않는다.

홈메이드 맛동산

재료 식빵 가장자리 5장분, 황설탕 50g, 물 1큰술, 버터 2큰술, 검은깨 1.5큰술

1. 식빵 가장자리를 3~4cm 길이로 자른다.

2. 버터를 녹인 팬에 1을 넣어 가볍게 흔들어가며 바삭하게 굽는다.

3. 팬에 황설탕과 물을 넣어 시럽을 만든 후 2를 넣어 가볍게 버무린다.

4. 검은깨를 뿌려 버무린 후 철망 위에 넓게 펴서 식힌다.

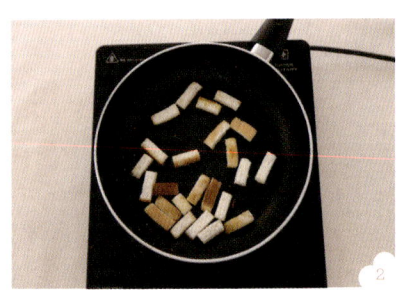

식빵 가장자리를 냉동실에 보관해 놨다가,
엄마표 달콤 맛동산을 만들어주세요.

쫀득하고 고소한 치즈 스틱,
아이 입맛에 맞는 소스를 준비해서
곁들여 먹어요.

치
즈
스
틱

재료 모차렐라치즈 50g, 식빵 10장, 달걀물 1개분, 빵가루 2컵, 파슬리가루·오일 약간

모차렐라치즈는 1cm 두께, 5cm 길이로 썬다.

식빵은 가장자리를 자르고, 2등분한다.

식빵에 치즈를 올리고 가장자리에 달걀물을 묻힌다.

반으로 접고 포크로 눌러 붙인다.

달걀물, 빵가루 순으로 튀김옷을 입혀 오일에 노릇하게 튀긴다.

199

한번에 준비하는
우리 아이 저녁밥 & 아침밥

초판 1쇄 발행 | 2015년 5월 20일
초판 2쇄 발행 | 2016년 9월 10일

지은이 | 용동희
발행인 | 이원주

임프린트 대표 | 김경섭
기획편집 | 김순란 · 강경양 · 한지은 · 정인경
디자인 | 정정은 · 김덕오
마케팅 | 노경석 · 조안나 · 이유진
제작 | 정웅래 · 김영훈

협찬사 | 에델바움(www.mugenmall.com / 02-706-0350)
코니쉬웨어(www.cornishware.kr / 070-7538-0788)
에이치큐브트레이딩(www.mercato.kr / 02-6212-0788)

사진 | 한정선
요리스텝 | 이현경, 김지수

발행처 | 미호
출판등록 | 2011년 1월 27일(제321-2011-000023호)

주소 | 서울특별시 서초구 사임당로 82
전화 | 편집 (02) 3487-1650 · 영업 (02) 3471-8046

ISBN 978-89-527-7369-2 13590